KB213975

박시백의 일제강점사 35년

6

박 시 백 의   일 제 강 점 사

35년

6

1936——1940

결 전 의   날

임진왜란이 발발하고 일본군이 파죽지세로 북상해오자 선조는 도성을 버리고 피난길에 올랐다. 평양을 거쳐 의주에 다다른 선조는 압록강을 건너 요동으로 망명하고 싶어 안달하는 모습을 보였다. 그런데 이순신 장군과 의병들의 분전, 그리고 명나라의 원군 파병으로 전세가 뒤바뀌더니 결국 일본군이 물러났다. 제 한 몸 살기에 급급한 모습을 보였던 선조는 왕으로서의 권위와 체면을 되살리기 위해 꼼수를 냈다. 일본군을 패퇴시킨 것은 오로지 명나라 군대의 힘이요, 조선의 군대가 한 일은 거의 없다고 임진왜란의 성격을 규정한 것이다. 그 결과 일본군에 맞서 싸운 장수들보다 명나라에 가서 구원병을 요청한 신하들의 공이 더 높아지게 되었다. 선조를 호종해 의주까지 피난했던 신하들이다. 자신을 호종한 신하들의 공이 높아지니 그 중심인 선조 역시 더 이상 부끄러워하지 않게 됐다.

어려서 비슷한 이야기를 들은 적이 있다. 8·15 해방은 오로지 미군의 덕이요, 원자폭탄 덕이지 우리가 한 일은 아무것도 없었다는…. 선조처럼 공식화하지는 않았지만 선조와 비슷한 처지에 놓이게 된 누군가가 그런 이야기를 만들고 널리 퍼뜨린 것이라고 짐작해볼 수 있다.

결론부터 말한다면 일제 강점 35년의 역사는 부단한, 그리고 치열한 항일투쟁의 역사다. 비록 독립을 가져온 결정적 동인이 일본군에 대한 연합군의 승리임을 부정할 순 없지만 그렇다고 우리가 한 일은 아무것도 없다는 식의 설명은 무지 혹은 의도적 왜곡이다. 자학이다. 우리 선조들은 한 세대가 훌쩍 넘는 35년이란 긴 세월 동안 줄기차게 싸웠다. 나라를 되찾기 위해 기꺼이 국경을 넘었고 필요한 곳이라면 어디든 갔다. 삼원보, 룽징, 블라디보스토크, 이르쿠츠크, 모스크바, 베이징, 상하이, 샌프란시스코, 호놀룰루, 워싱턴, 파리…. 총을 들었고, 폭탄을 던졌으며, 대중을 조직하고 각성시켰다. 그 어떤 고난도, 죽음까지도 기꺼이 감수했다. 그들이 있어서 일제 식민지 35년은 단지 치욕의 역사가 아니라 자랑스러움을 간직한 역사가 되었다.

　시대의 요구 앞에 고개를 돌리지 않고 응답했던 사람들, 그들의 정신, 그들의 투쟁을 우리는 기억해야 한다. 그것이 모든 것을 내던지고 나라를 위해 싸웠던 선열들에 대한 최소한의 도리이리라. 마찬가지로 우리는 나라를 팔고 민족을 배반한 이들도 기억해야 한다. 일제에 협력한 대가로 그들은 일신의 부귀와 영화를 누렸고 집안을 일으켰다. 나아가 해방 후에도 단죄되지 않고 살아남아 우리 사회의 주류를 형성했다. 그뿐인가, 민족교육인이니 민족언론인이니 현대문학의 거장이니 하는 명예까지 차지했다. 이건 좀 아니지 않나? 독립운동가는 독립운동가로, 친일부역자는 친일부역자로 제 위치에 자리 잡게 해야 한다.

　이 책은 일제 경찰의 취조 자료나 재판 기록, 당시의 신문 같은 1차 사료를 연구하여 나온 결과물이 아니라 기존의 연구 성과들을 요약, 배치, 정리하여 만화라는 양식으로 표현한 대중서다. 주로 단행본으로 출간된 책들을 참고로 했고,

《친일인명사전》(친일인명사전편찬위원회)과 독립기념관 한국독립운동정보시스템 자료인 《한국독립운동의 역사》(한국독립운동사편찬위원회) 60권을 기본 텍스트로 삼았다. 그 밖에도 한국민족문화대백과, 우리역사넷을 비롯해 인터넷 자료의 도움을 많이 받았다. 공부도 부족했지만 공부하는 방법도 미숙해 담아내야 할 내용을 제대로 담아냈는지 걱정이 앞선다. 이후 독자 여러분과 전문가들의 지적을 받아가며 오류를 수정하고 부족한 부분을 채워나갈 생각이다.

한상준 대표와 편집자, 디자이너 등 비아북 출판사 관계자 외에도 일선에서 역사 교사로 재직 중이신 차경호, 남동현, 정윤택, 박래훈, 김종민, 박건형, 문인식, 오진욱, 김정현 선생님 등 아홉 분의 선생님들이 본문 교정과 인물 및 연표 정리 등으로 큰 도움을 주셔서 이 책이 나올 수 있었다.

가급적 더 많은 독립운동가들과 친일부역자들을 알려야 한다는 사명감이 책의 내용을 딱딱하게 만든 듯도 싶다. 독자들의 양해를 바라며 부디 이 책이 일제강점 35년사와 그 시대를 살았던 사람들을 바로 알리는 데 작은 보탬이 되었으면 한다.

2017년 12월

《35년》1권을 출간한 지 7년 만에 개정판을 출간한다.《한국독립운동의 역사》,
《친일인명사전》등의 참고문헌과 '독립운동인명사전', '한국역대인물 종합정보시
스템' 등 국가기관에서 제공하는 데이터를 기반으로 최대한 오류를 잡기 위해 노
력하였고, 현직 역사 교사 9명이 편집위원으로 참여해 교정 작업을 진행했지만
가벼운 오탈자부터 인명, 생몰 연대 등에서 몇 가지 오류가 있었다. 그림 고증의
오류 또한 더러 있어 개정판에서 바로잡았다. 아울러 오랫동안 보관하고 읽을 수
있도록 파손이 적고 소장가치가 있는 양장본으로 바꿨다.

최근 들어 일제강점사와 관련된 논란들이 뜨겁다. 책임 있는 자리에 있는 이들
이 공공연히 일제강점사를 긍정하거나 사상의 덧칠을 하여 독립운동가들을 폄훼
하는 일들이 벌어지고 있다. 후손으로서 바른 역사 인식이 어느 때보다도 중요하
게 부각되는 오늘, 이 책이 작은 도움이 되기를 바란다.

2024년 9월

6 | 1936——1940
결 전 의 날

폴란드 침공

오스트리아, 체코슬로바키아를 합병한 히틀러는 소련과 독소불가침조약을 체결하더니 1939년 9월 폴란드를 침공했다. 이에 폴란드의 동맹국이었던 영국, 프랑스가 독일에 선전포고를 하게 되고 유럽에서의 제2차 세계대전이 시작되었다.

폴란드

스페인

시안사건

만주사변 이후에도 중국국민당 정부는 일본과의 전면전을 피하고 중국 내부의 공산당을 토벌했다. 이에 장쉐량은 1936년 12월 12일 장제스를 감금해 공산당과 내전을 중지하고 일본에 맞설 것을 강요했다. 장제스가 수용하면서 제2차 국공합작이 시작되었다.

스페인내란

1936년 2월 스페인 총선거에서 승리한 인민전선이 개혁 정책을 실시하자 이에 반대하는 프랑코가 쿠데타를 일으켜 내란이 일어났다. 각국의 공산주의자, 자유주의자, 무정부주의자들이 인민전선 편에 참여해 20세기 이념의 격전장이 되었다.

우리는		일장기말소사건		고려인, 중앙아시아로 강제 이주
	1936		**1937**	
세계는		시안사건, 스페인내란		중일전쟁 발발

1930년대 후반, 세계는

베이징

시안

루거우차오사건

1937년 7월 베이징의 루거우차오 인근에 행방불명자가 생겼다는 구실로 일본군이 주력부대를 동원해 루거우차오를 점령한 사건이다. 일본 정부는 이 사건을 중국 침략의 기회로 삼아 중일전쟁을 일으켰다.

조선의용대 창설	국민징용령 실시	한국광복군 창설
1938	**1939**	**1940**
뮌헨회담 개최	제2차 세계대전 발발	프랑스, 독일에 항복

파시즘 체제를 강화하고

사회주의 박멸!

민주주의 OUT!

위대한 아리안 민족의 세상을!

재무장을 다그치는 히틀러의 나치 독일에

소련은 긴장했다.

히틀러, 저 자는 반공과 반슬라브주의를 공공연히 내걸고 있어. 틀림없이 우리를 노릴 거야.

1935년 7월 모스크바에서 열린 코민테른 제7차 대회에 이런 우려가 반영되었고,

파시스트의 침략으로부터 사회주의 조국 소련과 세계 사회주의 진영을 보호, 강화해야!

좌경적이었던 제6차 대회와는 전혀 다른 결정이 내려졌다. 반파시즘 인민전선 노선이 채택된 것이다.

그러려면 노동운동 역량을 통일하고 모든 반파시스트 민주주의 세력과 연대해서 싸워야!

식민지의 조건에서 사회주의혁명이 아니라 민족해방투쟁의 단계를 거쳐야 하므로 광범한 반제통일전선을 결성할 것!

일러두기

❖ 대사의 경우 현장감을 살리기 위해 외래어표기법이나 표준어에서 예외적으로 표기된 경우가 있다.

❖ 연도의 경우 대부분 《한국독립운동의 역사》(한국독립운동사편찬위원회) 제60권 《한국독립운동사 연표》를 기준으로 표기했다.

유럽에서의 침략적 파시즘은 무솔리니의 이탈리아가 열었다.

1935년 국제사회의 반대를 무시하고 에티오피아를 침공, 1936년 수도 아디스아바바를 점령한 것이다.

국제연맹이 비난하자 탈퇴로 응수했다.

코민테른이 내세운 반파시즘 인민전선의 실험장은 스페인이었다. 1936년 2월 총선에 승리한 인민전선이 본격적으로 개혁 정책을 실시하자

기득권인 가톨릭교회, 지주, 자본가, 군부 세력은 반발했고

1936년 7월 프랑코가 이끄는 군부가 쿠데타를 일으켰다.

이에 독일과 이탈리아가 탱크, 비행기 등 무기와 병력까지 파견해 프랑코 반란군을 적극 지원했다.

소련은 인민전선 정부군을 지원했다. 그리고 각국의 공산주의자, 자유주의자, 무정부주의자들이 동참해 인민전선 편에서 싸웠다.

어니스트
헤밍웨이

우리도
참여했지.

조지
오웰

반파시즘
깃발 아래~

영국과 프랑스는 못 본 척했다.

국제연맹의
불간섭주의에
따라.

솔직히 인민전선 정부가
공산주의에 너무
기울어 있는 것도 걸리고.

3년에 걸친 내전의 결과
프랑코 반군이 승리했다.

이후 나는
1975년까지
집권했지.

침략적 파시즘의 원조는 누가 뭐래도 일본이다.
본국의 훈령까지 무시하며 만주를 침공했고,

펑톈

단둥

다롄

결국 괴뢰 만주국을 만들어낸 일본 군부엔
야심가들이 넘쳐났다.

나도 만주침공을
설계하고 주도한
이시와라 간지처럼
···

1936년 2월 26일, 군국주의를 숭상하는 황도파의 위관급 장교들이

천황폐하의 친정체제를!

1,400여 명의 사병들을 동원하여 쿠데타를 일으켰다. 수상 이하 주요 정계 실력자들을 습격해 살해하고,

총리는 비서가 총리로 오인받아 살해되는 바람에 살았고

조선 총독을 지낸 사이토 마코토 등 3명의 대신이 피살되었죠.

수상 관저, 육군성, 의사당 등을 점령했다.

그러나 천황이 동의하지 않으면서

원대복귀 하라!

명분을 잃고 진압되었다 (2·26사건).

넹?...!!

그런데도 이후 군부의 힘이 약화는커녕 더욱 강화되어서 정부가 군부에 끌려다니는 처지가 되었다.

우린 거의 꼭두각시가 된 듯...

군부가 주도하는 정부는 런던군축회의를 탈퇴하고 본격적으로 군비 확장에 들어갔다.

제국군은 미국과 소련을 목표로 하면서 중국과 영국에도 대비한다. 50개 사단을 기간으로 140개 항공 중대, 주력함 12척, 항공모함 10척 등을 갖춘다.

- 1936년 제국국방방침 중

한편 군부는 중국에 대한 야심을 점점 더 노골화해나간다.

먼저 화베이를 만주처럼!

중국으로부터 분리해 괴뢰정권을 세우는 거지.

이런 움직임에 중국의 학생, 지식인 들은 격렬한 항일운동으로 대응했다.

중화민국 공전의 위기가 우리 학생들을 교실에서 거리로 불러냈다.

화베이 내 일본군 증강을 반대한다!

決死反対

대장정의 마무리에 들어선 중국공산당은 '항일 구국을 위해 중국공산당이 전체 동포에게 알리는 글'을 발표했다(8·1선언, 1935년).

국민당군이 홍군에 대한 공격을 중단한다면 함께 구국에 나설 용의가 있다. 일치단결하여 일본의 침략에 맞서 싸우자!

그러나 장제스는 도리어 수천 명 항일 활동가를 비롯해 항일운동 지도자들을 체포했다.

아, 글쎄 지금은 항일할 때가 아니라 공산당을 때려잡을 때라니까!

만주를 잃은 동북군의 지도자 장쉐량은 이즈음 고민이 많았다.

하지만 인민들은 항일을 해야 한다고 하고 있질 않은가?

동북 출신의 우리 병사들도 마찬가지고……

일본놈과 싸워야지 언제까지 동족과 싸워야 하냐고?

일본놈들 몰아내고 동북으로 돌아가야지.

결국 그는 공산당과 비밀리에 협정을 맺고 적대 행위를 중지하기로 했다.

때마침 장제스는 제6차 공산당 토벌을 위해 비행기 100대를 거느리고 시안(서안)으로 날아왔다.

둘은 의견이 갈렸다.

공산당 토벌을 멈추고 항일전에 나서야 할 때입니다.

얘기했잖아. 안을 먼저 평정하고 외적을 칠 거라고. 잔소리 말고 공산당 토벌에 집중해.

1936년 12월 12일, 장쉐량은 쿠데타를 일으킨다.

12·12 쿠데타는 내가 먼저야

장제스는 체포되어 연금당하고

장쉐량은 8개 항의 요구 조건을 대내외에 밝혔다.

장제스 총통의 안전은 보장한다.

대신 정부 재편, 내전 중지, 항일 지도자 석방, 정치적 자유와 권리 보장 등을 요구한다.

공산당 측에서 저우언라이가 달려오고,

국민당 측에선 장제스의 부인 쑹메이링과 그의 오빠이자 국민당의 실력자인 쑹쯔원이 날아왔다.

감금 상태에서 제2차 국공합작에 대한 논의가 이루어지고

마침내 합의에 이르렀다. 문서화를 요구하는 저우언라이에게 장제스는 이렇게 말했다.

말한 이상 성실히 지킬 것이고, 행한 이상 결과가 있을 것이오.

장제스는 장쉐량을 대동하고 돌아갔다.

장쉐량은 이 일로 장제스의 명에 따라 구금되었다.

장쉐량의 구금은 53년간 이어졌고 장제스는 물론 그의 아들 장징궈가 죽고 나서야 풀려났죠. 이때 나이 90살.

장제스와 그의 부인 쑹메이링, 장쉐량이 삼각 관계였다는 건 정설.

모두 장수해서 장제스는 1975년 89세, 장쉐량은 2001년 101세, 쑹메이링은 2003년 107세로 각각 세상을 떴습니다.

1937년 2월 국민당 제5기 3중전회는 공산당과 약속한 대로 일치항일의 방침을 채택했다.

일치항일!

일본 군부는 이런 중국의 변화를 대수롭지 않게 보았다.

그래봐야 허당!

3개월이면 제압 가능. 청일전쟁 때 겪어봤잖아.

1937년 7월 베이징 인근 루거우차오(노구교) 부근에서

일본군이 훈련하고 있을 때 총성이 몇 방 울렸다.

탕 탕…

긴급 인원 점검을 한 뒤

한 명이 빈다. 중국군 때문이야. 응징한다!

저 여기 있어요~

이를 구실로 군사행동에 들어가 루거우차오를 점령했다.

결국 중국군이 물러나기로 협정을 맺었는데

만주침공 때와는 양상이 달랐다. 이번엔 일본 정부에서 확전을 꾀한 것이다.

이는 계획적인 무력도발이다. 용서할 수 없다.

대규모 증원군이 들어오고 일본은 전면적 침략 전쟁으로 나왔다.

중국공산당도,

국민당도 전면 항전을 선언했다.

일본군은 베이징과 톈진(천진) 일대를 쉽게 점령했다.

속전 속결ㅋ

허당 중국!

하지만 이후 중국의 저항은 일본군의 예상보다 훨씬 강력했다.

어라! 이것들이 뭘 잘못 먹었나?

안 되겠군. 중국의 노른자위인 상하이와 난징을 쳐서 장제스를 협상장으로 끌어내자.

그러나 상하이에서 일본군은 더욱 고전했다.

으아~ 이 허당들이 갑자기 왜 이래?

중국군은 물론

학생, 노동자 들까지 나서서 완강히 저항했다.

본국에서 대병력이 증원되고 나서야
상하이와 난징을 점령할 수 있었다.

예상 밖 고전으로 약이 바짝
오른 일본군은

우리 측 사상자가
무려 5만!

무려 수십만의 민간인을 죽인
이른바 난징대학살로 분풀이를 했다.

닥치는대로
정말이지
어마무시하게
죽였지.ㅋ

100명
목 베기 경쟁도

일흔아홉!

난징대학살을 그린 중국의 기록화

이에 맞선 국민당과 공산당 간의 국공합작도
탄력을 받았다.

공산당은
합법화되고,

홍군은 국민혁명군
제8로군으로
개편됐죠.

보통 팔로군으로
불리게 됩니다.

화중 지역의
홍군은
신사군으로!

소련은 국민당 정부와 불가침조약을
체결해 군사원조와 차관을 제공했다.

이때는 소련이
가장 강력한
후원자였지.

일본을
막아주는데
당연히 우리가
도와야지.

유럽에선 히틀러가 이끄는 나치 독일이 본격 침략의 길로 나선다. 오스트리아를 합병하고(1938년 3월)

우리랑 같은 게르만 민족 국가니까.

체코슬로바키아의 주데텐란트 지역을 요구했다.

여기도 게르만 민족이 다수인 땅

폴란드

체코

오스트리아

유럽의 전통 강자인 영국과 프랑스.

어떡하지?

독일이 그래도 공산주의 소련을 막는 방파제 역할을 해내고 있으니.

괜히 히틀러의 성질을 건드리는 것보다는 적당히 달래는 게 낫지 않을까?

그치!

영국과 프랑스는 독일, 이탈리아와 뮌헨에서 회담을 갖고 히틀러의 요구를 들어주기로 한다(1938년 9월).

우리는 주데텐란트 지역 합병을 독일의 영토 회복으로 인정한다. 대신 더 이상은 탐내지 않기.

콜!

우리 땅을 우리랑 상의도 없이 저들 맘대로 …

체코 …

협정을 마치고 돌아온 영국 총리 N. 체임벌린은 말했다.

독일에서 명예로운 평화를 가지고 왔다. 이것이 우리 시대의 평화라 믿는다.

그러나 히틀러는 몇 달 뒤 보란 듯이 체코를 침공해 남은 영역까지 점령해버렸다.

독일의 이웃 폴란드는 서둘러 영국과 안전보장조약을 체결했다.

미… 믿어도 되겠지?

왜 이래? 나, 영국이야.

그런데 이때 유럽을 놀라게 한 관계 변화가 생긴다.
독소불가침조약이 조인된 것이다(1939년 8월).

소련
외무장관
몰로토프

독일
외무장관
리벤트로프

헐!

반공을 앞세우는
나치 독일과
공산주의 총 본산인
소련이 손을 잡아?

이 무슨
조합이지?

히틀러와 스탈린의 이해가 맞아떨어진 결과다.

이게 곧
프랑스와 영국을
쳐야하는데
동쪽을 안정시켜
놓아야!

독일은 물론이고 영국,
프랑스도 호시탐탐 우리를
무너뜨리려 해.
이 기회에 준비할 시간도 벌고
독일을 막을 방어벽도
구축해야지.

이때의 비밀협약.

중앙 유럽을
나누어
관할합시다.
서쪽은 우리
독일이.

동쪽인 라트비아,
에스토니아, 핀란드,
루마니아, 리투아니아는
우리 소련이.

폴란드는
반띵!

1939년 9월, 영국과 프랑스의 거듭된 경고를 무시하고
마침내 독일이 폴란드를 침공하면서 제2차 세계대전의
막이 오른다.

비밀협약에 따라 소련도 폴란드를
침공해 동부를 점령하고

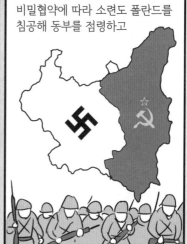

발트해 연안국들을 차례로 점령해나갔다.

다만 핀란드와의 싸움인 이른바 겨울전쟁에선 뜻밖에 고전함으로써 소련군의 취약점을 노출시켰다.

이제 영국과 프랑스는 더 이상 독일에 대한 유화 정책을 지속할 수 없게 되었다.

독일! 선전 포고다! 붙자!

그러거나 말거나 독일은 벨기에를 치고, 프랑스가 독일의 침공에 대비해 심혈을 기울여 구축한 마지노선을 에둘러 프랑스 북부까지 치고 들어갔다.

벨기에

독일

됭케르크

마지노선

파리

오랫동안 제1차 세계대전을 치밀히 연구하며 준비한 전술,

새 전술에 걸맞은 무기 체계. 독일군은 압도적으로 강했다.

됭케르크 해안에 포위될 위기에 처한 수십만의 영국군과 프랑스군은 무사히 탈출한 것을 위안으로 삼아야 했다.

프랑스의 3분의 2에 달하는 북서부는 독일의 점령하에 들어갔고, 남부에는 비시를 수도로 하는 프랑스가 유지되었지만 실상 친나치 괴뢰 정부였다.

비시 정부
수반 페탱

파리

비시

이어 독일은 영국 점령에 나섰다.

이때 영국에선 W. 처칠이 새 수상이 되었다.

처칠이 이끄는 영국은 완강하게 저항했고

히틀러는 영국 점령을 단념한다.

영국은 이 정도로 기를 죽여놨으니 됐고 이제 본래의 구상대로 가자.

한편, 중일전쟁을 도발하며 일본군이 그린 그림은 이런 것이었다.

3개월 안에 속전속결로 주요 거점을 점령하고 중국군에 치명적인 타격을 가하는 거야.

그리 하면 장제스가 살아남기 위해 협상에 나올 테고

협상을 통해 우리의 요구를 관철하면 끝!

그러나 중국은 협상에 나오려 하지 않았고 항전을 이어갔다.

베이징에서 광둥까지 상당히 넓은 지역을
점령했지만 전쟁은 교착상태에 빠졌다.

끄응~

점령지 밖에선 중국군의 반격이 이어지고

점령지 안에선
게릴라의 공격이
잇따랐다.

점령지를 유지하기 위해 85만의 군대가 묶여야 하는 상황이 된 것이다.

점령해 봤자 온전히
우리 영토가 되지도 못하고
점령 상태를 유지하려면
막대한 병력과 유지 비용,
전쟁 비용이 발생하고 …

장제스가 항복하거나
협상을 구걸할 것
같진 않고,
할 수 없지.

제2, 제3의
만주국을
세워나가는 수밖에.

1937년 12월 베이징을 중심으로 중화민국
임시정부를 세우고

1938년 3월에는 난징을 중심으로
중화민국 유신 정부를 세웠다가

몽강연합
위원회

중화민국
임시정부

중화민국
유신 정부

1940년 3월 국민당 정부의 2인자인 왕징웨이를 내세우고
중화민국임시정부를 합쳐 중화민국 난징 국민 정부로
개편했다.

장제스의 정적으로
충칭을 탈출해
우리에게 온 친구,
아주 이뻐~

일본과의 전면전은
질게 뻔해.
외교적으로 문제를
풀어야 한다는 게
내 생각.

일본 해군은 미국을 주적으로 삼은 반면
육군은 항상 소련을 주적으로 상정했다.

언젠가는
승부를!

특히 관동군은 늘 소련과의 일전을 생각했고,

그런 다음
시베리아 벌판을
우리 땅으로!

소련을 떠보기 위한 분쟁을 일으켰다.

무슨 생각을
하고 있는지,

1938년 7월, 소련, 만주, 조선의 국경이 만나는
두만강 어귀에서 국경선을 문제 삼아 일본군이
소련군을 공격한 것이다.

실력은
어느 정도지
보자.

결과는 기갑부대와 현대화된 무기를 앞세운 소련군에게

ㅋㄹㄹㄹ

패배(하산호전투, 장고봉사건).

어어… 이게 아닌데… 전엔 우리가 이겼는데…

1년이 채 지나지 않은 1939년 5월, 관동군이 재차 도발한다. 이번엔 몽골과의 국경 지대.

규모는 하산호전투 때보다 훨씬 커서 양측 모두 수만 명이 동원되었다.

이번에도 역시 현대화된 소련군 앞에 백병주의를 내세운 일본군이 참패했다 (할힌골전투, 노몬한사건).

소련에겐 실력으로 안 된다는 것이 확인되었고,

중국전선은 헤어나올 수 없는 수렁이 된 상황.

그런데 유럽에서 독일이 프랑스, 네덜란드를 연이어 굴복시키고

영국마저 코너로 몰아넣자

일본은 오래 꿈꿔온 남방행을 실천에 옮기기로 한다.

인도차이나 반도는 프랑스 식민지, 미얀마, 말레이, 인도는 영국 식민지,

인도네시아는 네덜란드, 필리핀은 미국

저들이 정신없는 틈을 타서 싹 다 먹어버리자.

○ 프랑스령
○ 영국령
○ 네덜란드령
○ 미국령

1940년 9월, 동서의 파시스트 국가인 독일, 일본, 이탈리아는 추축국 동맹인 삼국동맹을 결성한다.

그리고 동양의 침략자 일본과

서양의 침략자 독일은 각각 새롭고 보다 큰 전쟁을 준비한다.

육군특별지원병령

1938년 2월 22일 공포된 육군특별지원병령에 의해
조선인 특별지원병이 선발되었다. 1938년 400명을 선발했고,
이후 점차 늘어나 1940년 3,000여 명, 1943년
육군 6,300여 명을 뽑아 전선으로 보냈다.

安昌浩
1724

수양동우회사건으로 수감된 안창호

윤봉길의 훙커우공원 의거 당시 일경에
붙잡혀 옥살이를 한 안창호는 1937년
수양동우회사건으로 다시 서대문 형무소에
갇혔다. 잦은 수감 생활로 병이 깊어져
6개월 뒤 병보석으로 풀려났지만,
이듬해 3월 간경화로 사망하고 말았다.

경성

우리는	1936	일장기말소사건	1937	고려인, 중앙아시아로 강제 이주
세계는		시안사건, 스페인내란		중일전쟁 발발

억압 속의 내선일체

새 총독으로 부임한 미나미 지로는
전임 우가키의 병참기지화 정책을 적극 수용하여 더욱 구체화시킨다.
인적 동원, 황국신민화 정책을 실행하고 사상전향 정책도 훨씬 강하게 밀어붙인다.
타협적 민족주의 세력에 대해서도 강력한 탄압이 시작되자
다수의 인물들이 친일 협력의 길로 들어선다.

황국신민서사 암송
일제는 황국신민화 정책의 일환으로
황국신민서사를 만들어 모든 한국인에게 외우도록
강요했다. 한국인을 천황의 충성스러운 백성으로
만들어 침략 전쟁에 동원하겠다는 목적이었다.
학교나 관공서는 물론이고, 모든 직장의 조회와
각종 집회 의식에서도 강제로 암송되었다.

| 1938 | 조선의용대 창설 / 뮌헨회담 개최 | 1939 | 국민징용령 실시 / 제2차 세계대전 발발 | 1940 | 한국광복군 창설 / 프랑스, 독일에 항복 |

미나미 총독

1936년 8월, 우가키 가즈시게에 이어 미나미 지로가 새 총독으로 부임했다.

중일전쟁 전해에 부임해 대동아전쟁 다음 해인 1942.5까지 재임했지.

미나미 신임 총독으로 말씀드릴 것 같으면 조선군 사령관, 육군대신, 관동군 사령관을 역임하신 대일본제국 육군의 핵심 중의 핵심이시지.

부임 이듬해 5대 정강을 발표하더니

- 국체명징
- 선만일여
- 교학진작
- 농공병진
- 서정쇄신

총독

중일전쟁 직후 내선일체를 전면에 내건다.

내 양대 목표는 천황폐하의 조선 방문과 조선에서의 징병제 실시!

内鮮一体

이 목표가 실현되려면 조선은 일본의 한 지방으로 완벽하게 바뀌어야 하고 조선인은 천황폐하께 충성스러운 일본인이 되어야 해.

바로 내선일체지!

내선일체 정책의 일환으로 1938년 3월에는 조선교육령을 개정했다.

국체 명징, 내선일체, 인고단련을 3대 강령으로 하고,

새 교육령에 의하여 이제 조선에도 똑같이 소학교, 중학교, 고등학교로 고치고 교과서도 조선어 과목 외엔 똑 같이!

한편 중일전쟁을 개시한 일본 고노에 내각은 '국민정신총동원 실시 요강'을 결정한다.

전쟁 승리를 위해선 온국민의 지지와 협력을 이끌어내야 하겠기에.

이에 따라 관련 예산이 통과되고 국민정신총동원 중앙연맹이 결성된다.

진충보국 · 거국일치 · 견인지구

이어 국가총동원법이 결의되어 시행에 들어간다. 주요 사항을 보면 다음과 같다.

　　국가총동원법

　　제1조 본 법에서 국가총동원이란 전시에 당하여 국방 목적 달성을 위한 나라의 모든 힘을
　　　　　가장 유효하게 발휘시킬 수 있도록 인적 및 물적 자원을 통제 운용함을 말한다.

　　제2조 본 법에서 총동원 물자란 다음에 게재한 것을 말한다.
　　　　　① 군용물자 ② 피복, 식량, 음료 ③ 의약품 ④ 선박, 항공기, 차량, 말, 기타 운송용 물자 ⑤ 통신용 물자
　　　　　⑥ 토목·건축, 조명용 물자 ⑦ 연료 및 전력 ⑧ 앞의 각호의 것을 생산, 수리, 배급 또는 보존하는 데 필요한
　　　　　원료, 재료, 기계, 기구, 장치, 기타의 물자 ⑨ 앞의 각호의 것 외에 칙령으로 정하는 국가총동원상 필요한 물자

　　제3조 본 법에 있어 총동원 업무란 다음과 같은 것을 말한다.
　　　　　① 총동원 물자의 생산, 수리, 배급, 수출, 수입 또는 보관에 관한 업무 ② 운수, 통신에 관한 업무
　　　　　③ 금융 업무 ④ 위생 업무 ⑤ 교육, 훈련 업무 ⑥ 시험, 연구 업무 ⑦ 정보 또는 계발 선전 업무
　　　　　⑧ 경비에 관한 업무 ⑨ 앞의 각호의 것 외에 칙령으로 정하는 국가총동원상 필요한 업무

　　제4조~ 제50조

이 법에 기반해 이후 국민징용령, 가격통제령, 조선징병령, 식량관리령, 소작통제령 ··· 등이 내려지지.

한마디로 전쟁을 위해 모든 것을 동원하고 통제할 수 있도록 한 법이지.

국민정신총동원 실시 요강이나 국가총동원법은 곧바로 조선에서도 시행되었다.

국가총동원법?

사람이든 물자든 마음대로 동원할 수 있단 얘기네.

국민정신총동원 중앙연맹에 상응하여 국민정신총동원 조선연맹(정동연맹)이 조직되었다.

국민정신총동원 조선연맹

미나미는 또한 중일전쟁 개시 이전부터 전임 우가키 총독의 대륙병참기지화 정책을 적극 이어받고

더욱 강화, 구체화시켜나갔다.

산업 정책은 기본적으로 국방의 관점에서 수립하도록!

하이!!

중일전쟁 이듬해 도산업부장회의에서 미나미는 말한다.

국책에서 조선이 져야할 임무에 대하여 편의상 두 가지 항목으로 나누어 여러분의 이해를 돕고자 합니다.
제1은 제국의 대륙전진병참기지로서의 조선의 사명을 명확히 파악하는 일입니다.

이번 사변에서 우리 조선은 중국 작전군에 대하여 식량, 잡화 등 상당한 군수물자를 공출하여 얼마간의 효과를 낼 수 있었던 것입니다. 하지만 아직 이 정도로는 심히 미흡하며 장래 더욱 큰 사태에 직면했을 때는 설령 어느 기간 동안 대륙작전군에 대하여 해상수송로를 차단당하는 경우가 있더라도 조선의 능력만으로써 보충할 수 있을 정도로까지 …

미나미가 말한 대륙전진병참기지는
다음과 같이 보충 설명된다.

대륙병참기지는
조선 통치의 하나의 목표요,
내선일체가 바로
대륙병참기지 조선이다!

대륙병참기지 해설

대륙병참기지는 대륙경영의 발판 또는 근거지의
의미로 대륙경영상에서 조선의 임무 및
지위를 지칭하는 것으로 대륙전진기지가 적합하다.
좁은 의미론 식량, 병기, 탄약 등의
보급 근거지를 말한다.

대륙 병참기지 소론

-총독부-

이에 따라 군수산업 지원이
늘면서 군수 재벌들이
특혜를 받았고,

스미토모

住友

三菱

三井

미쓰비시

미쓰이

조선 기업들도 군수산업체로
전환해 특혜를 받고 성장했다.

대흥무역

경성방직

조선비행기공업

예컨대 우리 경성방직은
군복을 만들어 공급하면서
덩치를 키웠지.

나? 경성방직 사장
김연수. 창업자인
동아일보 김성수의
동생이지.

병참기지화 정책에 따라 신산미증식운동
또한 전개되었다.

중국에서 싸우고 있는
우리 병사들에게
조선 쌀로 지은 밥을
먹이고 싶어서리ㅇ

1939년엔 미곡배급통제법이 공포되어
생산된 쌀은 전량을 공출한 뒤

일정 분량을 배급했다.

우리 여섯 식구가 먹기엔 이거 가지고 턱없이 부족합니다.

어허! 이 사람!

이런 시국에 어찌 쌀만 먹고 사나? 조, 보리, 감자 등도 같이 먹어야지. 우리가 만주에서 잡곡을 들여와서 공급해 줄거야.

쌀 증산을 위해 조선 농민의 농업 이민도 적극 추진되었다.

만주와 화베이 지역에 논농사를 확대해야 하는데 할 줄 아는 인력이 부족해.

논농사는 조선 농민이 프로들이지.

진작부터도 선만척식주식회사가 설립되어 만주 개척 이민이 시작되었는바,

1년에 1만 명씩 15년 동안 진행한다.

이곳은 신징의 선만척식주식회사 지사인 만선척식주식회사.

이제 만주뿐 아니라 화베이(화북) 등 일본의 새 점령지로 조선인 자작농들의 이민이 행해졌다.

주로 경상도, 전라도, 충청도 등 남쪽 농민들이 이민길에 올랐다우.

이들을 따라 장사꾼, 아편 밀매꾼 등도 들어가 중국인들의 분노를 샀다.

인생 뭐 있나? 이럴 때 한탕하는 거지.

인력의 강제 동원

점호를 마친 마을 사람들은
궁성요배(황거요배)를 행하고

황국신민서사 제창,

우리는 황국신민이다.
충성으로써 군국에
보답하련다.

천황 폐하 만세 삼창을 마친 후

만세! 만세! 만세~

작업을 시작했다. 주로 황무지 개간이나
도로 개수 등의 일이다.

근로보국대 활동이다.

1938년부터 시작된 일반인 근로보국대는 부락별로 20~40세의 남녀로 조직되어 관이 이끄는 작업에 동원되었다.

보수는 없었고, 있을 때라도 강제 저축되거나 헌금되었다.

오늘 나온 보수는 애국기 헌납운동에 우리 보국대 이름으로 기부됩니다. 이의 없지요?

네~

중학교 이상의 학생들은 학생근로보국대로 편성되었다.

보국대 대장은 교장인 내가.

20명 단위로 조직되어 방학 중 신궁 청소나 도로 개수 등에 동원되었다.

보국대가 마을이나 인근에서 행해지는 노동력 징발이었다면,

내일은 보국대 작업이 있는 날이니 대원들은 빠짐없이 …

군수공장이나 광산 등 전쟁 수행과 밀접한 현장에 필요한 노동력을 동원하는 조치들도 뒤따라 취해졌다.

무기와 군수품에 대한 중단 없는 보급이 전쟁 승리의 필요조건! 그런데 보급이 영 지지부진 합니다.

노동력이 부족한 모양입니다. 업주들 얘기 좀 들어볼까요?

OO 탄광입니다. 아무래도 일이 힘든데 월급은 짜다고 노동자들이 오려 하질 않습니다.

우리 제련공장도 마찬가지 형편입니다.

우리 철광도…

이런 자본가들의 아우성에 1939년 일본 정부는 '노무 동원 실시 계획 강령'을 제정한다.

땅 땅…

그리고 일본 정부가 마련한 노동력 수급 방책엔 이런 조항이 있었다.

조선인 노동력 이입을 도모하고 적절한 방책 아래 특히 그 노동력을 필요로 하는 사업에 종사시키기로 한다.

노무자 수는 8만 5,000명…

이에 따라 일본의 사업장에서 노무자 요청을 해오면 총독부가 알선하여 공급키로 한 것.

△△탄광에 칠백 명, OO 도로 공사에 급히 일천 명을

하이!

이른바 관 알선에 의한 노무 동원이다.

노무자 모집 OO명 월급 ‥ 숙식 제공 ‥면사무소

자, 3년만 고생해서 팔자 고치고 편하게 살아볼 사람들 모이셔 ~

노동력에 대한 수요는 더욱 급증하면서

노동자만 더 있으면 돈을 팍팍 더 벌건데 아니, 전쟁 승리를 위한 군수품 생산을 팍팍…

1939년 10월 국민징용령이 실시되었다.

국민징용령

이제부턴 총독과 도지사가 징용명령서를 발부할 수 있지.

명령서를 발부받은 사람은 이유 여하를 막론하고 징용에 응해야.

이와 관련해서 1940년 1월에는 조선직업소개령이 실시되어 사실상 각지의 직업소개소를 총독부가 직영하게 된다.

○○군 직업소개소

이제 일본이 군수산업 현장에서 필요한 노동자의 수를 신청하면

우리 3백 명이 부족합니다.

우리에게도 백 명만 보내줘요.

우린 5백.

일본 정부가 취합하여 총독부에 전한다.

하여 징용할 총 규모는 우선 8만 2천 명이다. 각도에 적절히 배분할 것.

총독부는 산하 행정기관에 전달하고, 점차 아래로 내려가

경기도에서 8천 명을 담당한다.

××군에서 이 중 350명을 책임지고.

하이!!

△△면에서 25명을 맡도록.

하이!

하이!

결국엔 주재소, 마을 구장이나 유지들의 도움을 받아 인원을 선발했다.

우리 마을에서 징용할만한 이는 아무개, 아무개…

대상은 14~20세의 남자로 소학교를 졸업하고

일본어로 전해지는 작업지시는 알아먹어야 하니까.

응응

좋아 통과!

신원이 확실하며

뭐야, 사촌형이 사상범으로 지금 감옥에 있잖아

탈락!

사촌형, 고마워~ 면회 갈게

신체 강건한 자로 한정했다. 고용 기간은 대개 2~5년.

고용 기간이 만료되면 원칙적으로 조선에 돌아갈 수 있었으나

이제 열흘만 지나면 끝이다, 집으로 간다.

고용주가 연장을 원하면 연장되었다.

열심히 일한 그대 축하해. 2년 더 일할 수 있게 됐어.

오!

그렇게 반 강제로 뽑혀 간 노동자들은 열악한 환경에서 차별과 폭력을 당해가며 고된 장시간 노동을 감당해야 했다.

일본이 점령지에서 부리는 횡포는
난징대학살에서 보듯 극악무도했다.

휙

전선이 고착되고 전쟁이 장기화되면서
특히 현지 여성들의 피해가 컸다.

지속되는 일본군들의 만행은 중국인들의
항일 의지를 높였고,

게릴라 공격 등으로
되돌아오기 일쑤였다.

게다가 성병 환자의 속출은

주둔 일본군의 중대 문제로 제기되었다.

무엇보다도
전투력의
막대한 손실.

안 되겠어. 우리 병사들의 성적 스트레스를 풀어줄 방책이 있어야 해.

민간인 업자들이 매춘부들을 데리고 들어 와 위안소를 차린 곳이 더러 있는데 그것도 한 방편이지.

음… 그렇긴 한테 저 많은 병사들을 상대하려면 엄청 많은 매춘부가 필요하잖아.

필요하면 만들어야지. 안되면 되게 해라!

그렇게 일본군은 군 위안부를 두는 것을 해결책으로 내세웠다. 현지 부대에 이른바 위안소들이 설치되고 군이 감독을 맡았다.

성병에 걸리지 않도록 위안부들의 위생관리도 해야 하니까.

외견상 위안부 모집과 위안소 경영의 주체는 군과 밀착된 민간인.

잘할 수 있지?

돈만 된다면요

그들은 취업 사기 방식을 빌리거나

이 촌구석에서 청춘을 썩힐래? 전방에 가서 간호사 몇년 하면 목돈 만지게 될거야.

전선 간호사 ㅇㅇ 명 급구 !!

신체 건강하고 용모 단정한 미혼 여성

급여 : 월

군경의 힘을 빌린 협박과 폭력을 통해 위안부들을 확보했다.

네가 이리 버티면 부모형제가 힘들어져. 그니까 찍소리 말고 따라 와!

제1장 억압 속의 내선일체 • 43

조선의 인력 활용과 관련한 미나미 총독의 궁극적 꿈은 징병제 실시.

물론 이는 일본군의 뜻이었고 적잖은 친일파들의 바람이기도 했다.

하지만 최소 10년은 지나야 가능할 것.

그래야 황국신민으로서 참정권도 얻을 수 있고.

1937년 6월 육군성은 이 문제에 대한 조선군의 의견을 물었고

조선군 사령부가 답했다.

조선인에게 황국의식을 갖게 하고 장래 병역 문제 해결을 위한 시험적 제도로 조선인 장정을 지원에 의해 현역에 복무시키는 제도를 만드는 게 좋을듯합니다.

중일전쟁이 일어나자 미나미 총독은 조선군 참모, 총독부 국장 들과 대책을 협의했고 이렇게 결정했다.

조선군 지원병제를 최단 기간 안에 실시한다.

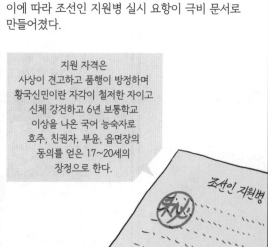

이에 따라 조선인 지원병 실시 요항이 극비 문서로 만들어졌다.

지원 자격은 사상이 견고하고 품행이 방정하며 황국신민이란 자각이 철저한 자이고 신체 강건하고 6년 보통학교 이상을 나온 국어 능숙자로 호주, 친권자, 부윤, 읍면장의 동의를 얻은 17~20세의 장정으로 한다.

조선인 지원병

마침내 1938년 2월 육군특별지원병령이 공포되었다.

친일파 명사들에 의한 환영 담화, 기고, 연설 등이 잇따르는 가운데

조선과 조선 청년에게 일대 축복으로 천황폐하의 은덕에 감읍할 따름이외다.

육군특별지원병 임시축하대회

제1기 전기 지원병 합격자 202명이 경성제대에 조성된 임시 지원병 훈련소에 입소했고 이후 200명이 정식으로 입대했다.

지원자가 많아서 경쟁률이 엄청 높았지 ㅎㅎ

이만하면 대성공!

이후 지원병을 훈련시키기 위한 훈련소가 양주, 시흥, 평양에 만들어졌다.

초기 지원병들은 전원 조선군에, 1940년부터는 관동군이나 북지군 등에 배치되었다.

황국신민화

내선일체의 핵심은 곧 조선인의 일본인화다.

이름하여 황국신민화! 조선인이 진정으로 천황폐하께 충성하는 신민이 될 때 내선일체가 완성될 터!

신사참배는 일본인들에게 일상사.

1935년 우가키 총독은 신사참배의 확대를 꾀했다.

일선 학교도 빠짐없이 참배토록 하라.

강제적 분위기여서 일반 학교들은 이내 신사참배를 실시하게 되었지만

기독교계 학교들은 그럴 수가 없었다.

우린 못 하오.

하나님 외의 신을 섬길 수는 없소이다.

신사참배에 저항하던 숭실학교 등 기독교계 학교 일부는 결국 문을 닫아야 했다.

이어 총독부는 학교가 아닌 교회에도 신사참배를 요구하고 나섰다.

넹?

결국 교회들도 굴복해 신사참배를 수용했다.

그러지요, 뭐. 생각해보니 신사참배는 종교의식이라기보다 국가의식으로 교회와는 충돌하지 않는 것 같고…

피식

가톨릭교, 불교도 받아들였다.

이는 국가의례일 뿐인 고로…

1937년 10월 총독부는 황국신민서사를 만들어 공포했다.

1. 우리는 황국신민이다. 충성으로써 군국에 보답한다.
2. 우리들 황국신민은 서로 신애협력하여 단결을 공고히 한다.
3. 우리들 황국신민은 인고단련력을 길러 황도를 선양한다.

앞으론 모든 단체와 학교의 집회에서 이를 제창하도록!

황국신민서사는 총독의 지시에 따라 총독부 학무국에서 만들었는데

學務局

이각종이 초안을 잡고 김대우가 완성했다.

정오가 되면 사이렌이 울리고 길 가던 이까지도 멈춰 서서 묵념을 했다. 이름하여 정오 묵도.

1939년 11월 총독부는 조선민사령을 개정했다.

서양자제? 사위를 양자로 삼을 수 있고

성이 다른 이도 양자로 들일 수 있다고?

이 무슨 근본없는 얘기여?

지정벽보판

조선민사령···

조선민사령 개정의 핵심은 일본식 성명강요, 곧 창씨개명에 있었다.

혈통 중심의 '성'을 일본 식 가(家) 중심의 '씨'로!

각 관청에 창씨상담소를 두고

보자, 원래 성은 뭐였소?

창씨상담소

적극적인 선전, 계몽 활동을 벌였지만 호응이 미미했다.

이것들이 ''' 쯧

창씨 신청

썰

령~

관을 동원한 협박과

말로 하면 안 듣지? 불령선언으로 찍히고들 싶어? 엉?

불이익 조치 등으로

끝까지 거부하면 자식들 학교 입학도 거부되고 식량 배급에서도 불이익을 감수해야 할 것이야!

1941년 말에 이르러서는 80퍼센트 넘는 이들이 창씨개명에 참여했다.

다음분 들어오슈-

명망 있는 친일파들이 앞장섰다.

나는 이제부터 이광수가 아니고 가야마 미쓰로! (香山光浪)

이로써 좀 더 천황폐하의 신민다워졌다고 할 수 있을 터.

난 이름은 그대로 두고 성만 바꿨지. 이동치호 (伊東致昊)

일본 발음은 이토 지코

이동치호? 이똥 치워?

킥킥

윤치호

사람들은 자신의 성을 남기기 위해 나름의 묘수를 짜냈다. 파자해 쓰거나

이씨였던 나는 '목자'로 (李: 木+子)

본래 성에 글자를 더하거나

나는 김산 (金山)

나는 박가 (朴佳)

본관을 쓰기도 했다.

광산김씨인 나는 광산으로

밀양박씨인 나는 밀양으로

송도중 교사였던 이영철은 가나다로 성을 신고했다가

가나다? (加那多) 이 자식 이거 불순한데.

옥살이를 해야 했다.

홍명희, 여운형, 안재홍, 허헌 등은 사회 활동을 멈추고 낙향해 끝까지 창씨개명을 거부했다.

황민화를 위해
선행해야 할 것은
또한 국어의 상용화!

국어(일본어)사용운동을
대대적으로 벌이더니

국어가 안되는
사람들은
국어 강습소로!

국어로 말하고
국어로 글도 씁시다!

국어보급운동으로
국어사용 인구가
1938 년 12.38%에서
1943 년엔 22.15%로
증가했지.
기대엔 많이
못 미쳤지만.

1938년 신학기부터는 조선어 과목을 완전히 폐지해버렸다.

그리고
한 가지 더,

앞으로는 학교에서는
물론이고 학교 밖에서도
국어만을 쓴다.
조선어를 쓰면
징계다!

조선어 사용이 결국 민족의식
고취로 이어질 것이란 판단이
가져온 조치다.

일본어를 써야
일본 정신이
깃들지.

일장기말소사건으로 〈동아일보〉가 정간 조치되자

〈조선일보〉는 이를 사세 확장의 기회로 삼아 황민화 정책에 적극 부응하고 나섰으며

이 기회에 일등신문의 입지를 공고히 한다!

중일전쟁이 발발하자 더욱 노골적인 친일지로 변모했다. 복간된 〈동아일보〉도 뒤를 따랐다.

엥~ 이거 동아일보 맞아?

이젠 뭐 매일신보랑 별 차별성이...

그러나 총독부의 기대엔 여전히 미치지 못했다.

당시 경무국의 평을 들어보자.

언문 신문은 만주사변 이후 적극적 불온의 태도를 거의 고쳤지만 계속해서 소극적 불온함은 면치 못하였다. 그 특징을 들어보면,
1. 황실 기사, 관청 기사에 대한 성의 결여
2. 사상범, 불령운동자 기사의 과대한 취급
3. 사물을 곡해하고 폄론하는 폐풍
일장기마크사건에 의한 〈동아일보〉 등에 대한 당국의 과감한 탄압에 따라 소극적 불온 태도도 현저히 개선되었다.
소화 12년(1937년) 1월 원단의 〈조선일보〉 지상에는 양 폐하의 초상을 봉대하였다.

총독부는 끊임없이 언론계 대표자들을 불러 요망 사항을 전달하고 지시를 내리는 등 언론통제를 강화했다.

〈조선일보〉와 〈동아일보〉는 신년호에 천황 부부 사진을 싣고 축하하는 등의 변신을 보여주었다.

에이~
새해 첫날부터
눈 버렸네.

그런데도 총독부는 〈조선일보〉와 〈동아일보〉에 대한 처리를 고민했다.

조선인이 운영하고 조선인이 조선어로 기사쓰는 신문은 아무래도…

아무래도 폐간이 답일려나?

조선은 평양으로 동아는 대전으로 옮겨 지방 신문으로 만드는 것도 방법!

둘을 아예 합병시키는 건 어떨까요?

동아는 산업경제시보로, 조선은 일본어 신문으로 만드는 건?

결국 총독부의 방침은 폐간으로 모아졌다.

매일신보 이외의 신문은 민족주의적, 사회주의적 지도정신을 청산할 수 없고

제국신문으로서 사명을 다하려는 책임감과 열의가 결여돼 있어서 안돼. 폐간이 답!

소식을 접한 〈동아일보〉의 송진우가 도쿄로 건너가 요로의 인물들을 만나 저지해보려 했지만

1940년 8월 11일, 결국 〈동아일보〉와 〈조선일보〉 모두 폐간호를 내기에 이른다.

나도 한부

조선 폐간호요!

동아 폐간호요~

폐간 시 부수는 〈조선일보〉가 6만 3,000, 〈동아일보〉가 5만 5,000 부였다.

조선 폐간호

강제 폐간의 대가로
〈조선일보〉는 80만 원,
〈동아일보〉는 50만 원을
각각 받았다.

조선은 고속윤전기를 새로 도입하는 등 투자금이 많아서 신경 좀 썼수.

그리고 불만을 무마하기 위해 양 신문사 기자들 상당수를 〈매일신보〉로 입사시켰다.

〈조선일보〉는 폐간되었지만 자매지 《조광》은 살아남아서 적극적인 친일 논조로 1944년 말까지 발행되었다.

1940년 3월 호 권두언:
일본 제국과 천황에게
- 성은 속에 만폭적 희열을 느끼며

1941년 2월 호 사설:
내 손으로 지은 쌀을 내 마음대로 소비하고
처분할 수 있는 것이 구체제라면
내 손으로 지은 쌀, 내 자본으로 만든 물건을
모두 들어 나라에 바치고
그 처분을 바라는 것이 신체제요,
또 신절(新節)을 다하는 소이이기도 하다.

이제 한글로 된 중앙
일간지는 〈매일신보〉가
유일했다.

발행부수가
자그마치 5O만!

그리고 식자층 상당수는
일어 신문인 〈경성일보〉를
구독했을 뿐 아니라

독자 수가 20만인데
이 중에 6할이
조선인이라는.

성공한
조선인이라면
경성일보는
봐줘야지.

일본 신문을 구독하는 이도
제법 되어 〈아사히신문〉은
말년에 이르면 조선판만
12만 부를 발행했다.

어느 신문을 보든
우리의 국책과 정신을
머리에 꽉꽉
채워넣게 될 거야.

사상전향 정책과 전향자들

전임 우가키 총독에 의해 추진되어오던 사상전향 정책도 훨씬 강화되었다.

회유와 협박으로!

1936년 12월 조선사상범보호관찰령이 내려졌다.

사상범에 대해선 전향을 강제하고, 불응할 시엔

형기를 모두 마치더라도 보호관찰소에 수감한다!

이름 뿐인 전향은 인정 못해. 사회운동 선에서 이탈하고 황국을 위해 헌신해야 한다.

알겠습니다.

많은 이들이 전향을 택했고,

꾸욱

전향자들의 단체가 조직되었다. 1936년 9월에 만들어진 대동민우회.

대동민우회

우리는 내선일체에 의거한 동아주의를 표방한다.

민족주의, 공산주의 등 반황국 사상에 맞서 투쟁한다.

형무소를 찾아 전향을 설득하거나

그 밖에도 시국 관련 강연회를 열고,

출정 군인을 환송하거나

시국 관련 성명서를 발표하곤 했다.

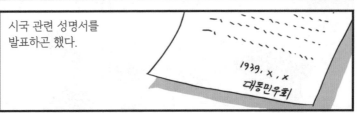

또 다른 전향 단체로 1938년 7월에 조직된 시국대응전선사상보국연맹이 있다.

대표적인 전향자들을 몇 살펴보자.
현영섭.

경성제대를 나왔고 사회주의자, 아나키스트로 활동하다가 치안유지법 위반으로 체포되고

바로 전향했지.

그는 내선일체론의 진정한 선구자.

1936년에 이미 조선어 완전폐지를 주장했고,

조선인 생활의 일본화 등을 골자로 하는 내선일체론을 폈으니까!

친일 사상 단체인 녹기연맹의 이사로 활동했으며 내선일체의 대표적인 이론서인
《조선인이 나아갈 길》을 출간했다.

완전한 일본인이 되는 것 이외에 다른 길이 조선인에게 열려있다고 한다면 그것은 곧 쇠망의 길이다.

조선어와 조선옷, 조선 집, 형식적인 조상숭배, 조선사 이런것들을 완전히 지양하고 정신적으로 일본적인 감정에 젖어버려야 하는 것이다.

조선인적인 심정을 완전히 죽이고 다시 태어나야만 하는 것이다.

1938년 7월 총독과의 면담에서도 재삼
조선어 사용의 전면 폐지를 건의했다.

조선인이 진정한 황국신민이 되는 길입니다.

이후 내선일체실천사의 이사를 맡아 기관지인
《내선일체》와 친일지인 《삼천리》, 《조광》 등에서
주요 필진으로 활동했다.

인정식은 조선공산당 일본총국에서 활동했고,

그 일로 3년간 옥살이를 했다.

1938년 야학사건의 주모자로 다시 체포되자 전향을 결심,

잘 생각했어.

1938년 11월 《삼천리》에 '정치적 노선에 관하여 동지 제군에게 보내는 공개장'이란 글을 기고하며 공개 전향했다. 글의 일부에서 그의 정세관을 볼 수 있다.

장제스 일파의 국민당 군벌과 주더, 마오쩌둥 등을 수반으로 하는 중국공산당의 항일 민족통일전선에 의한 이른바 초사(焦土) 항전이 금후 집요하게 전개된다 할지라도 이미 결정된 이 동아의 새로운 대세를 역전할 수는 절대로 없다는 것이 객관적 정세를 냉정하게 판단할 줄 아는 모든 지성의 일치된 결론이 아니라면 안 될 것이다.

《동양지광》에 입사해 편집위원으로 활동하며 다수의 내선일체론 관련 글을 발표했으며, 대동민우회 위원이자 시국대응전선사상보국연맹 간사로 활동했다.

해방 뒤에도 사회주의 진영 복귀와 전향을 반복했네.

총독부의 관비 유학생으로
일본에 갔다가 공산주의를
접한 김두정.

조선공산당 재건투쟁협의회
사건으로 체포되어 투옥된 뒤

징역 6년을
선고한다.

옥중에서
전향서를
발표했다.

그럼에도 불구하고 가출옥된 것은
전향서 발표 후 3년 넘게 지나서였다.

6년 형기 중
5년이나 살고
나오네.

전향자 대접이
너무 박한 거
아녀?

시국대응전선사상보국연맹 상임감사 겸 서무부장으로
활동하면서 맹렬한 글쓰기와 강연 활동을 해나갔다.

지나사변과
조선인의 길

시국대응전선

대동민우회 이사인 차재정은
서울청년회, 신간회 등에서
활동했다.

광주학생운동이 일어나자 경성을 비롯해 전국으로 학생 시위를
확산시키기 위해 동분서주했고,

《상황판》

적!

1.

2.

3.

2년 형을 살았다.

이후 비밀결사 혐의로 다시 체포되었는데
이때는 무혐의로 풀려나지만 직후 전향한다.

〈동아일보〉의
일장기말소사건을
비난하는 개인 성명을
발표했고,

대동민우회 간부들과 미나미 총독을 만나 과거를 반성하고 내선일체의 지도 원리,
국민정신총동원의 방법 등을 건의했다.

재밌군_

여러 글과 강연을 통해 다음과 같은 주장을 했다.

동아시아 대국가를 수립해
구미와 어깨를 나란히
해야 하며,
일본과 조선은
한몸이 되어 종족을
구성해야 한다.

중일전쟁은 일본이 총력을 기울여
구미의 위협과 침략으로부터
동아시아를 해방하고 일본 자신의
해방을 꾀하는 결정적 싸움이며
중일전쟁의 역사적 의의를 완수하려면
대소련 전쟁이 불가피하다.

수양동우회와 흥업구락부

1930년대 후반의 사상전향 정책은 공산주의자들만을 대상으로 한 것이 아니었다.

그동안 사실상 용인했던 타협적 민족주의 세력에 대해서도 일제의 대응은 전혀 다른 태도를 보여준다.

잠깐!

거기도 사상검증 좀 해야겠네.

이젠 민족주의 색깔이 살짝만 남아있는 것도 참아줄 수가 없겠어서 말야.

1926년 1월 수양동우회가 조직되었다. 국내의 안창호 지지 세력의 모임.

서울의 수양동맹회와 평양의 동우구락부가 합동해 결성되었지.

어차피 두 조직 모두 도산 안창호 선생을 따르는 조직이니까.

회원 다수가 서북 지역의 기독교계 인물들로 실질적인 주도자는 이광수였고 주요한, 조병옥 등이 함께했다.

수양동우회

대부분 지식인, 자산가들이기도.

흥업구락부는 안창호를 라이벌로 여겼던 이승만에 의해 주도된 조직이다.

YMCA 총무 신흥우가 하와이에 들렀을 때 이승만이 말했다.

마침 잘 왔네.

내가 이곳에서 동지회를 조직했는데,

북미 800 여 명 중 흥사단을 제외한 대부분, 하와이에선 박용만 일파 30 명을 빼곤 다 회원이네.

멕시코에도 1천 명이 있네. 해서 말일세. 국내에도 동지회 같은 조직이 있었으면 하는데 자네가 힘 좀 써주시게.

내 듣기로 안창호는 이미 국내에 서북파 중심의 단체를 만들어 세력을 키우는 중이라더군.

동지회 같은 조직을 속히 꾸려 기독교와 각종 문화단체 내에서 흥사단 조직을 제압하고 지도권을 확보해서 독립을 이루는 데 기여할 수 있도록 하세.

그렇게 하여 이승만을 따르는 이들을 중심으로 국내에서 흥업구락부가 조직되었다. 이상재가 초대 부장을 맡았다.

흥업구락부

이상재가 세상을 뜨고 윤치호가 맡은 뒤 친목 단체화되었다.

김준연, 안재홍 등이 참여했고 회원 대부분이 기호지방 출신의 기독교인들이다.

우리도 대부분이 지식인, 자산가들인데

수양동우회랑은 근본적으로 다른 면이 있지.

근본없는 서북파들과는 달리 우린 다들 양반 출신이라는거.

수양동우회는 비밀단체를 표방했지만 이미 경찰은 파악하고 있었던 모양이다.

이미 투쟁성을 잃은 이광수가 이끄는 조직인데 별일 있겠어?

혹시나 해서 지켜나 보는거지.

그러나 이제는 사소한 민족주의적 경향도 용납하려 하지 않는다.

내선일체의 정신에 어울리지 않는 조직은 곤란해.

1937년 4월 종로서 형사가 수양동우회 회장 주요한을 찾아왔다.

어쩐… 일이오?

아, 주선생 긴히 할 얘기가 있어서 왔습니다.

당신네 그 수양동우회지 뭔지 그만 해산할 때가 안됐소?

아… 그… 그게

뭐 해산이 어렵다면 해산시켜 드리고.

일제 검거에 들어간 경찰은
서울에서 55명, 평안도 93명,
황해도 33명 등 181명을 검거했다.

이 중 41명이 기소되었지만 1941년 11월
전원 무죄판결을 받았다.

세 사람이
옥중에서 발병해
사망에 이르고
한 사람은 고문으로
불구가 되었다오.

수양동우회의 정신적 지주인 안창호는
윤봉길 의거 당시 상하이에서 체포되어
국내로 압송되었고

2년 6개월간 복역했다.
1935년에 가출옥했는데,

수양동우회사건으로 다시 체포,

투옥되었다. 그러나
병세가 이미 심한 상황.

쿨럭 쿨럭

6개월 뒤 병보석으로 나와 투병하다가

1938년 3월 세상을 떴다.

간경화증 외에도 결핵성복막염, 만성기관지염, 위하수증 등으로...

실력양성론을 폈으면서도 준비론으로 흐르지 않고 평생을 비타협적 항일투쟁의 길을 걸으셨죠.

독립전쟁, 무장투쟁에도 기꺼이 동의했고요.

망우리에 묻혔다가 1973년 지금의 도산공원 자리로 이장되었다.

안창호가 죽자 수양동우회 회원들은 앞다퉈 전향선언을 발표했다.

수양동우회와는 달리 흥업구락부에 대해선 일제 경찰이 미리 파악하지 못했다.

1938년 2월 유억겸의 집에서 미주의 동지회와 연계가 있다는 문서가 발견되고,

이거 뭐지? ...

이어 미국에서 돌아온 윤치영의 취조 과정에 흥업구락부의 존재가 드러났다.

흥업구락부? 이거였구만.

일제 검거가 시작되어 100여 명이 체포되었다.

경무국장이 제시한 방향으로

저들을 사회적으로 매장하지 말고 총후활동에 자발적으로 협조하게끔 하는 게 타당한 고로,

사건 관계자의 갱생과 활약을 끌어내는 방향으로 이끌도록!

조사와 회유가 이루어졌다.

우리랑 싸울 생각은 없잖아. 그럴거면 화끈하게 한 배를 타자고. 팍팍 밀어줄게.

흥업구락부 회원들은 집단으로 사상 전향서를 발표했고,

우리는 … 광휘있는 황국 일본의 신민으로서의 영예와 책임을 통감하고 팔굉일우의 도의적 결합으로서 자분노력케 함을 성심으로써 맹서하는 바이다.

전원 기소유예 처분을 받았다.

수양동우회의 이광수, 주요한, 홍난파 등과 흥업구락부의 윤치호, 신흥우, 유억겸, 정춘수 등은 이후 적극적으로 친일 협력의 길을 갔다.

이광수, 윤치호는 전에도 충분히 친일이었잖아.

그러니까 더, 더, 본격적으로.

그리고 기독교계를 대표했던 양 조직의 전향은 여타 기독교인의 전향을 부추기는 역할도 했다.

그들도 했는데 뭘 우리 같은 잔챙이들이야…

전향? 당근 해야죠

이게 깨끗해졌네.

친일 조직들

중일전쟁이 발발하자 총독부는 조선을 전시 체제화하기 위한 행동에 나섰다.

우선 중요한 일은 조선인들로 하여 시국에 대한 정확한 인식을 갖게 하는 것!

시국좌담회, 시국강연회를 전국 곳곳에서 열고

시국강연회
- 복지사변과 반도인의 각오

정무총감을 중심으로 조선인을 하나의 관제 운동 조직으로 묶기 위한 준비에 들어갔다.

1938년 6월 각계 단체 대표들이 부민관에 모여 발기인 총회를 가졌다.

발기인 총회

다음 날 경성운동장에서 국민정신총동원 조선연맹 발회식이 열렸다.

총독 각하와 조선군 사령관 각하, 정무총감 각하를 위시해 각계의 지도자, 단체 대표들이 자리를 함께한 가운데 이 자리에 모인 3만여 경성 시민과 함께 국민정신총동원조선연맹이 출범했음을 선언합니다.

윤치호의 선창으로 천황 폐하 만세 삼창을
부르고 폐회한 뒤

시가행진에 들어갔다.

이름하야
애국시가행진!

이후 총독부 학무국 주도로
각도 연맹이 조직되고,

최말단 행정 조직에까지 지부가 꾸려지더니

도연맹 밑으로
군연맹, 읍면연맹
구연맹

10호를 기본 단위로 한 애국반까지 만들어졌다.

말하자면
애국반이
기본 세포인
셈인데,

1939. 6 현재 전국에
35만 개의 애국반과
460만 반원이
조직돼 있답니다

가족수를 고려하면
사실상 전 인구를
조직했다고
봐야죠.

9개 강령이 결정되고

황국정신 현양,
내선일체 완성,
전시경제정책 협력,
근로보국,
생업보국,
···

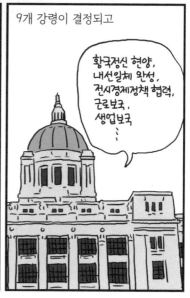

21개 실천 조목이 결정되었다.

매일 아침 궁성요배,
신사참배,
황국신민서사 낭송,
국기 존중과 게양,
국어 생활,
국산품 애용,
⋮

이런 실천 사항들은 애국반 반상회를 통해 고지되고 훈련되었으며

이상으로
애국반 반상회를
마치겠습니다.

《애국반》, 《총동원》 같은 기관지를 통해 선전되었다.

1937년 8월에 조직된 애국금차회는 윤덕영의 아내 김복수가 주도한 단체로, 귀족들의 부인, 고급장교의 부인, 김활란, 유각경 등 신교육을 받은 명사들을 회원으로 받아들였다.

애국금차회

우리가 가진 금차(금비녀),
금가락지 등을 내놓아
전선에서 싸우는 황군을
원호하고 위문합시다.

결성식 날 금비녀 11개가 모아졌다.

그렇게 거둔 금비녀를 총독에게 바치는 장면을 화가 김은호가 그림으로 그렸다.

작품명은
'금차봉납'

대동일진회는 일진회 회장이었던 이용구의 아들 이석규가 주도해 만든 단체로 시천교를 개편한 조직이었다.

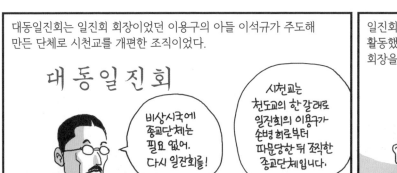

일진회, 국민협회 등에서 활동했던 윤갑병이 회장을 맡았다.

창씨상담실을 운영했고,

'한일병합' 공로자 추도회, 감사 위령제를 열었다.

녹기연맹은 일찍이 경성제대 교수가 극우파 일본인 학생들을 모아 조직한 단체.

중일전쟁 이후엔 조선인도 받아들였는데 현영섭이 맹활약했다.

조선문인협회는 1939년 10월 부민관에서 250여 명이 모여 결성한 단체다. 회장에 이광수, 간사는 박영희, 이기영, 김동환, 정인섭, 주요한 등이 맡았다.

조선문인협회

새로운 국민문학의 건설과 내선일체의 구현을 위하여!

전쟁 지원을 위한 문예의 밤 개최,

전쟁자원을 위한 문예의 밤
조선문인협회 0월0일...

육군 지원병 훈련소 방문 및 일일 체험,

육군 지원병 훈련소를 견학하고 나는 성덕의 무궁함을 깨달으면서 다음과 같이 감상을 느끼었다.
1) 전 조선 청년들이 모두 한 번씩 훈련소 문을 거쳐 나오는 날이면 조선에는 새로운 광명이 비칠 것이다. …

- 정비석이 일일 체험 후 발표한 글 중

전국 순회강연회 등을 통해 일제의 시책에 적극 앞장섰다.

시국을 대하는 조선인의 자세
조선문인협회

지원병제도가 마련되자 1939년 1월 각지의 유력자들이 모여 지원병후원회를 조직했다.

지원병후원회

회장: 윤치호
이사: 조병상, 박영철, 한상룡 등

지원병제를 찬양하고 참여를 촉구하는 강연회, 좌담회 등을 열고, 지원병의 집을 찾아 고무하는 등의 활동을 폈다.

아드님의 영예로운 자원은 국가가 잊지 않을 것입니다. 장한 아들을 두셨습니다.

내선일체 홍보 포스터

국민정신총동원 홍보 포스터

베를린

손기정, 베를린올림픽 우승

손기정 선수가 베를린올림픽 마라톤 종목에
일본 대표로 출전해 2시간 29분 19초의
세계기록으로 금메달을 땄다. 3위는 남승룡
선수였다. 두 선수는 메달을 땄음에도 불구하고
시상식에서 고개를 숙이며 일장기를 외면했다.
손기정 선수는 당시 받은 월계관으로
가슴의 일장기를 가렸다.

대종학원

만주에서 포교 활동을 하던 윤세복이 닝안현 동경성에
대종학원을 세워 운영했다. 만주 독립운동의 거점 구실을
하다가 1920년 이른바 일본군의 탄압으로 포교 활동이
위축되면서 교육 사업도 재개되지 못했다.

우리는		일장기말소사건		고려인, 중앙아시아로 강제 이주
	1936		**1937**	
세계는		시안사건, 스페인내란		중일전쟁 발발

제2장

국내의 저항

1930년대 들어 일부의 반발에도 불구하고 대부분의 기독교계는
신사참배를 받아들이고, 천도교도 점차 친일의 길을 걷는다.
독립운동의 성격이 강했던 대종교는
지도자 25명이 검거되는 등 일제의 강한 탄압을 받는다.
1936년 베를린올림픽에서 손기정 선수와 남승룡 선수가 각각 금메달과 동메달을 따고,
〈조선중앙일보〉와 〈동아일보〉는 이 소식을
일장기를 지운 사진으로 보도해 큰 고초를 겪는다.
거듭된 탄압으로 국내의 공산주의 운동은 크게 약화되고,
일부 학생들은 민족주의 성향이 강한 독서회 형식의 비밀결사 활동을 벌인다.

헤이룽장성

춘천

춘천고보 상록회

1937년 조규석, 남궁태, 백흥기 등
춘천고등보통학교(현 춘천고등학교) 학생들은
독립운동을 위한 비밀결사로 상록회를 조직했다.
이들은 애국과 독립 정신을 바탕으로 조국을
식민지 상태에서 벗어나게 하고, 민족이
자유 평화를 누리도록 하는 데 앞장서자고
결의했다.

1938	조선의용대 창설	1939	국민징용령 실시	1940	한국광복군 창설
	뮌헨회담 개최		제2차 세계대전 발발		프랑스, 독일에 항복

1930~1940년대의 종교운동

일제는 진작부터 기독교 세력이 마뜩지 않았다.

해외 선교사들이 많이 들어와 있어서 함부로 대하기가 곤란.

신민회나 3·1폭동에도 상당히 관여했고.

기독교에 대한 본격적 길들이기는 신사참배 요구로부터 시작되었다.

교회는 당장은 어렵고 … 먼저 기독교계 학교부터 시작하자.

1932년 광주,

에또 … 만주사변과 관련해 신사에서 기원제를 열 것인데 학생들을 전원 참여시키시오.

우리더러 신사를 찾아 절을 하라는 것이오? 이는 우상숭배를 금하는 우리의 교리에 어긋나 받아들일 수 없소.

평양에서도 유사한 요구가 있었으나

만주사변 1주년을 맞아 전몰 장병들에 대한 위령제가 개최되니 모든 학교 학생들을 참여시키도록!

숭실전문 등 10개 학교가 불참했다.

NO!

장로교 총회는 다음과 같이 결의하고

총독부와 교섭에 들어갔지만 총독부는 완강했다.

장로교단은 양분되었다.

결국 타협을 거부한 평양의 숭실전문, 숭실중학교, 숭의여중은 폐교되었고,

대구의 계성학교, 신명학교, 재령의 명신학교, 선천의 보성학교, 신성학교, 서울의 영신학교, 정신학교 등이 잇따라 폐교되었다.

감리교계는 신사참배를 받아들였다.

안식교, 성결교, 구세군, 성공회, 천주교 계통의 학교들도 같은 논리를 들며 신사참배를 수용했다.

우리 학교도 신사참배를 행하기로 했습니다.

이어 총독부는 학교가 아니라 교회 자체를 향했다.

이제 교회도 해야지. 신,사,참,배!

그러자면 예배당에도 신붕을 설치해야 할 것이오.

아, 그리고 예배 순서에 황국신민서사 같은 애국의식도 넣고 말이오.

한번 꺾인 교회는 급속히 무너졌다. 각 교단들이 신사참배를 수용하고

우리도 일본 제국의 교회니 마땅히 ...

이어 각 교파는 일본 교회에 예속되었다.

장로교는 일본기독교 조선장로교단

감리교는 일본기독교 조선감리교단

모두가 굴종의 길을 간 것은 아니었다. 신사참배를 거부해 교회를 빼앗긴 이들 가운데 더러는 지하교회활동을 이어갔다.

죽예수의 이름으로 기도드립니다.

아멘~

마산의 한상동 목사,

평양의 주기철 목사 등은 신사참배 거부운동을 한 죄로 투옥되어야 했다.

주목사는 10년형을 받고 복역 중 옥사.

1941년 2월 외국인 선교사들을 중심으로 장로교와 감리교 여성들이 각 교회별 만국부인기도회를 개최했다가 대거 검거되고 심문을 받았다.

멋대로 반전 분위기를 조성한 죄! 처벌을 받을 텐가, 조선을 뜰 텐가?

......
조선을 떠날 게요.

불교는 비밀결사 만당이 조직되어 활동했다 한다.

만해 스님을 대표로 모시고…

1938년 이후 검거와 구속이 잇달았다는 증언들이 있으나 신문 조서나 재판 기록은 없어요. 항일결사라기보다는 불교 개혁을 위한 조직인 듯.

민족운동의 중심적 역할을 했던 천도교는 점차 친일화의 길을 걸었다.

1934년 8월 천도교 신파 청년 230명이 구속된다.

1935~1936년에 국제적 정치 위기가 올 거라며 청년들을 수련시키고 자금을 모아두었다가 독립운동을 전개하려한 혐의를 받았죠.

그러나 71명만 서류상으로 송치되고 그마저도 증거 불충분으로 불기소 처리되었다.

아무래도 최린 선생이 힘을 써준 듯.

그간 신파의 행동을 봤을 때 과연 뭔가 있긴 했을까 싶기도 하고

최린이 주도한 신파는 자치론, 민족개조론 입장이었지.

1938년 2월 일제는 황해도 일대 구파 교인들과 충청, 전라 지역 교인 수백 명을 검거한다.

천도교의 대음모

일본 멸망기원운동

조선독립 몽상

이후 대부분은 석방되고 황해도 지역 대표인 홍순의를 비롯한 5명이 송치되었다.

이건 그래도 실체가 좀 있는 듯.

구파는 신파와 달리 비타협적 노선을 상당히 지켜왔으니.

이들도 결국 기소유예되지만 고문으로 손필규가 죽고

고문 후유증으로 김재계가 죽었다.

신·구파에 대한 연이은 검거사건은 전시 체제 구축을 위한 기선 잡기의 일환으로 보인다.

눈곱만한 민족의식도 용납할 수 없다는 우리의 의지 표현이지.

대종교는 종교 이전에 독립운동 단체다운 면모를 지켜왔다.

하지만 1926년 당시 지린성장이 대종교 포교 금지령을 내리면서

일본의 압력이 심해서 우리도 어쩔 수가 없어.

만주의 3개 도본사, 경성의 도본사까지 해체된다.

폐 문

이에 총본사를 옮겨 피해 있다가 1934년, 닝안현(영안현) 동경성으로 이전해 대종학원을 세웠다.

예전과 같은 적극적 투쟁은 어려운 관계로⋯

우선 민족 인재 양성에 주력하자.

大宗學院

大宗教總本司

1942년 여름, 제3대 교주인 윤세복은 〈단군성가〉를 지어 이극로에게 작곡을 의뢰했다.

조선어학회사건 수사 과정에서 이를 입수한 경찰.

⋯일어나라 움직이라⋯?!

이게 뭔 소리?

일제는 '일어나라, 움직이라'를 '봉기하라, 폭동하라'로 일역하고 이극로가 윤세복에게 보낸
'널리 펴는 말'을 독립선언서로 규정하며 본격 탄압에 나섰다.

대종교는 본디 단군 문화를 표방하며
조선 민중에게 조선 정신을 배양하고
민족 자존의 의식을 선전하는 단체가
아니던가?
조선독립이 최후의 목적일 터.
차제에 종교의 탈을 쓴
민족운동 단체 대종교를 박살낸다!

윤세복을 비롯해 대종교 지도자 21명이
검거되었다.

4개월에 걸친 조사는
혹독했다.

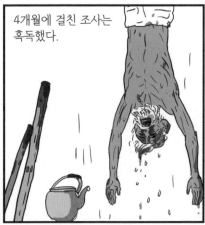

부산에 백산상회를 지어
독립운동 거점으로 썼던
안희제를 비롯해

10명이 고문사하거나 후유증으로
옥사했다.

윤세복은 무기징역에 처해졌다.

일장기말소사건

손기정, 1912년 의주 출생.

어려서부터
달리기에 관한 한
두드러져서
소학교 6학년 때
이미 5,000미터 달리기에서
어른들을 제치고 우승,

양정고보에 입학하면서 본격적으로
마라톤에 뛰어들었다.

1935년 11월 이미
2시간 26분 42초로 비공인
세계신기록을 수립한 그는

1936년 나치 독일이 베를린에서 개최한 올림픽에
남승룡과 함께 일본 대표 선수로 참가했다.

손기정은 2시간 29분 19초로
세계신기록을 세우며 2등보다 2분 이상
앞서 결승점을 통과했다.

남승룡이 3위로 들어왔다.

환호도 없이 탈의실로 향했던
우승자 손기정은

어째
우승자 표정이
즐거워 보이질
않네.

오히려
무척 슬픈
표정인 걸.

시상대에서도 남달랐다. 어두운 표정으로
고개를 숙이고 월계수 나무로 가슴에 달린
일장기를 가렸다.

사인을 요청받으면 언제나 한글로 손기정,
영문으로 KOREAN을 썼다.

우승 직후 친구에게 보낸 엽서엔 단 세 글자. 슬프다!

이런 행동들로 하여 금메달리스트임에도 불구하고 마치 범죄인 같은 모습으로 입국해야 했지만,

조선인으로 시상대의 가장 높은 자리에 선 그에게 조선은 열광했다.

우리 조선 사람이 전 세계에서 일등을 하다니! 생각만 해도 가슴이 뛰누만.

참으로 장한 일이지요. 조선이 죽지 않고 살아있음을 느꼈다오.

마라톤 손기정

우승 소식을 알리는 신문 호외를 받아 본 심훈은 이런 시를 남겼다.

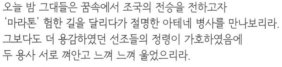

오오, 조선의 남아여!
- 백림(伯林) 마라톤에 우승한 손, 남 양군에게

그대들의 첩보를 전하는 호외 뒷등에
붓을 달리는 이 손은 형용 못 할 감격에 떨린다!
이역의 하늘 아래서 그대들의 심장 속에 용솟음치던 피가
2천3백만의 한 사람인 내 혈관 속을 달리기 때문이다.

"이겼다"는 소리를 들어보지 못한 우리의 고막은
깊은 밤 전승의 방울 소리에 터질 듯 찢어질 듯.
침울한 어둠 속에 짓눌렸던 고토(故土)의 하늘도
올림픽 거화를 켜든 것처럼 화다닥 밝으려 하는구나!

오늘 밤 그대들은 꿈속에서 조국의 전승을 전하고자
'마라톤' 험한 길을 달리다가 절명한 아테네 병사를 만나보리라.
그보다도 더 용감하였던 선조들의 정령이 가호하였음에
두 용사 서로 껴안고 느껴 느껴 울었으리라.

오오, 나는 외치고 싶다! 마이크를 쥐고
전 세계의 인류를 향해서 외치고 싶다!
"인제도 인제도 너희들은 우리를
약한 족속이라고 부를 터이냐!"

1936년 8월 10일 새벽
신문 호외 이면에 쓴 시

그리고 시상대에서 보인 손기정의 태도에 공명한
이들도 있었다. 〈조선중앙일보〉는

손 선수의
뜻도
분명하고

조선 청년이 이룬 쾌거에
일장기를 내보낼 순 없죠.

나흘이 지난 8월 13일 자에 인쇄 품질이
나쁜 점을 이용해 일장기를 거의 지워서
내보냈다.

이때는 검열에서도 문제되지
않았다.

〈동아일보〉선 체육부 기자 이길용, 사회부장 현진건 등이 의논해

오케이!
간다.

일장기를 말끔히 지워버린 사진 기사를 실었다.

이 사진을
이 따위로
바꿔놨어?
이것들이 아주
웃기는데.

동작 그만!

오늘 이 신문 못 나간다. 윤전기 멈춰!

검열에 걸린 이날의 〈동아일보〉는 배포되지 못했을 뿐 아니라

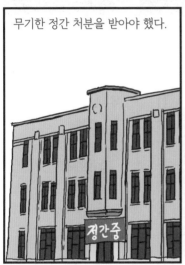

무기한 정간 처분을 받아야 했다.

그리고 8명의 기자가 구속되어 40여 일간 조사를 받았다.

딱

기자들 중 3명은 서약서를 쓰고,

5명은 신문계에서 떠난다는 약속을 하고 풀려나왔다.

사장 송진우는 사직했으며 주필과 편집국장은 물러났다.

〈동아일보〉는 10개월 가까이 지나서야 정간에서 풀려날 수 있었다.

동아일보가 다시 나왔어요~

〈동아일보〉가 문제가 되면서 다른 신문들도 샅샅이 조사를 받았다.

결국 〈조선중앙일보〉도 문제가 되었다.

하! 요런 꼼수를...

〈조선중앙일보〉를 3대 일간지로 키워놓은 사장 여운형이 사임하고

역시 무기 정간 조치가 내려졌다.

공고! 무기 정간!!

무기 정간으로 인한 재정난에 사내 내분까지 일면서 〈시대일보〉-〈중외일보〉-〈중앙일보〉-〈조선중앙일보〉로 제호를 바꿔가며 버텨온 〈조선중앙일보〉는 폐간에 이르고 만다.

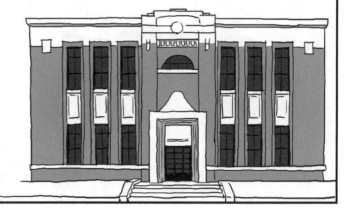

공산주의 운동 세력

거듭된 탄압과 검거 열풍으로 국내의
공산주의 운동은 크게 약화되었다.

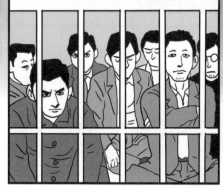

그래도 살아남은 운동가들은 이전의 노선을 유지한 채
곳곳에서 다시 전선으로 뛰어들었다.

원산총파업으로
원산 지역 운동가들은
막대한 타격을 입었지만

원산은 여전히 흥남과 함께 적색노조의 아성이었다.

제1차 태로사건(태평양노동조합사건)으로
검거되어 5년 형을 살고 출소한 이주하.

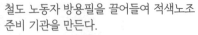
철도 노동자 방용필을 끌어들여 적색노조 준비 기관을 만든다.

이어 경성제대 출신의 이강국, 최용달이 합세했다.

노동자들 속에서 조직을 구축하는 일은 방동지가 주도적으로 진행해 주고,

동지들은 서울의 혁명적 인텔리들을 조직하는 일과 혁명이론, 혁명자금 부분을 맡아주오.

방용필은 탁월한 조직 능력을 보여주었다.
1936년 말부터 철도 부문에서
적노반을 조직하더니

적노 원산철도위원회로 발전시켰다.

우리 철도 노동자들 속에 여러 적노반이 만들어졌고, 각 적노반 대표들이 모여 오늘 적노원산철도위원회가 조직되게 되었습니다.

이후 여러 사업장에 우리 위원회와 같은 직장위원회가 조직되면 이에 기반해 산별위원회가 꾸려지게 됩니다.

기대만큼 조직적 성과가 뒤따르진 않았지만

철도 부문에선 7개의 적노반에 기반해 철도위원회가 구성되었지만 화학 부문에선 직장위원회로 발전하지 못했으며

공을 들였던 금속부문은 적노반도 조직하지 못했습니다.

중일전쟁이 벌어지자

바야흐로 혁명적 시기가 도래했습니다.

그에 상응하게 우리도 조직적 대응을 해야 합니다.

혁명적 조직 건설을 다그쳐 1938년 4월 적색노조 원산좌익위원회를 결성한다.

적색노조 원산좌익위원회

철우회 등의 대중 조직을 활발히 꾸리고

철우회 체육대회

〈노동자신문〉을 제86호까지 발행하며 노동자들을 교육했다.

'지원병제에 저항하라' 같은 각종 팸플릿도 제작해 배포했고.

지원병제에 저항하라!

이주하는 서울의 지식인 그룹, 경성제대 독서회와 연결하고,

함경도, 평안도 일대의 그룹과도 선을 가졌다.

하지만 경찰이 냄새를 맡으면서

1938년 10월, 검거가 시작되었다.
방용필이 검거되고

이강국, 최용달 등도 검거되었다.

함경남북도 노동조합, 농민조합 탄압으로 이어져
1939년 7월에는 구속자가 무려 375명에 이르렀다.

이주하는 검거를 피해 각지의
공장 지대를 돌아다니며
활동을 이어갔다.

이재유 그룹의 이관술은
검거를 피해 활동을
이어오다가

형기를 마치고 출소한
김삼룡과 만났다.

역시 이재유 그룹의 일원이었던
이현상은 감옥에서 박헌영을
알게 되었다.

박헌영이 출소하자 이관술, 김삼룡, 이현상 등이 같이 자리했고 경성콤그룹을 결성한다.

경성콤그룹

박헌영을 지도자로,

노동운동은 김삼룡이,

기관지 출판과 간부 양성은 이관술이,

가두와 학생 부문은 이현상이 각각 맡기로 했다.

이들의 정세 인식은 이러했다.

혁명정세는 무르익었는데 주체역량은 미흡하다.

주체역량을 시급히 강화하려면 혁명의 참모부인 당을 재건해야!

그러나 감시 체계는 촘촘하고

탄압은 전례 없이 가혹한 환경.

지식인을 끌어들이는 데 극도의 신중함을 보였다.

활동 상황은?

주변은?

각오 정도는…

적들의 주목 정도는?

경성제대를 수석으로 입학하고 졸업한 정태식,

경성제대 강사인 국문학자 김태준,

훈민정음해례본을 발굴하고 간송 전형필에게 소개한 것도 겁니다.

조선공산당 재건 활동으로 투옥되었다가 출소한 서중석,

이관술의 누이 이순금,

마산 지역에서 적색농조 활동을 했던 권우성 등이 합류했다.

기관지로 《공산주의자》를 발간했다.

1940.11까지 15호를 매달 20~30부씩.

초기엔 이관술 동지가, 1940.4부터는 나 박헌영이 전담했지. 제5호《꼼뮤니스트》로 바꾸었고.

공산주의자 3

꼼뮤니스트 10

적색노조 활동도 중시했다. 김삼룡이 주도한 태창직물주식회사 내 활동이 활발했다.

적색노조 공장반을 조직했고 박옥련, 김응빈 등이 지도했다오.

함북 지역에서의 적색노조 활동도 활발했다. 이관술의 지도 아래 6개의 조직이 만들어졌다.

노동자, 농민 출신인 안병모, 신기동, 주송학 등이 혁명적 노조의 기초를 다졌다.

나중엔 이에 기반해 청진좌익노조조직준비위원회를 구성했소이다.

부산, 진해 등에서도 적색노조 조직을 위한 활동이 있었다.

경남 창원에선 권우성의 주도로 상남 적색농민조합이 만들어졌다.

농민건강 보호를 위한 체육회로 위장했죠.

상남농민체육회

경성제대, 이화여전, 보성전문, 연희전문 등에도 조직선을 두었다.

그러나 경찰이 손 놓고 있질 않았다.

이쪽에서도

요쪽에서도 냄새가 나.

1940년 말 태창직물주식회사의 공장반부터 검거가 시작되었다.

김삼룡, 이현상이 연달아 체포되었다.

1941년 1월엔 이관술,

김태준이 체포되었다.

박헌영은 대구로 몸을 피했다.

1941년 가을, 학생 조직에서 시작된 제2차 검거가 이어졌고 모두 150여 명이 체포되었다.

원산 그룹과 경성콤그룹은 모두 코민테른 제7차 대회의 노선을 받아들였지만

파시즘에 맞서 반파시즘인민전선 노선을!

제국주의 침략에 맞서 반제통일전선 노선을!

제대로 이해하진 못했다.

하지만 우리 조선에 손잡을 민족자본가, 민족주의자가 있긴 해?

없지, 다 투항하고 변절했잖나. 우리는 계속해서 적색 노조와 농조에 기반한 당건설을!

대중운동

전시 체제하의 모든 명령과 규칙은
국가총동원법을 근거로 했다.

국가총동원법에 의거하여 …

국가총동원법을 내세우면 안 되는 게 없지.

한마디로 법 중의 법, 법 위의 법!

소작료통제령은 1939년 12월 제정되었다.

소작 관계의 분란을 없애고 안정적인 식량을 확보하기 위하여

한마디로 소작쟁의를 원천 불가능하게 만든 법이다.

소작쟁의의 핵심원인인 소작료 뿐만 아니라 소작과 관련한 모든 사항을 정해버리니

할 수 있는 게 아무 것도 없다우.

게다가 국민정신총동원 조선연맹 산하의
애국반 활동으로 감시한다.

때로 농민단체를 만들거나 가입하는 것도 사실상 불가능 …

결국 농민들의 저항은 개인적 저항을 넘어설 수
없게 되었다.

곡물 은닉

공출 독려원 구타!

농경포기

노동운동도 어려워지긴 마찬가지.
그럼에도 비록 전반기보다는
많이 줄었지만 1930년대 후반에도
적잖게 파업투쟁이 일어났다.

1938년 1월 해주의 한 정미소에서
일본인 감독이 조선인 여성노동자를
모욕하자

파업에 돌입했다.

악질감독 파면하라

파업은 인근 사업장으로
확대되었다.
해주시멘트 노동자 600명이
파업에 나섰다.

경찰과 회사 측이 탄압에 나서자

설비 파괴 등으로 대응하면서

공장 안과 시내 곳곳에 규찰대를 조직해
작업 참여를 막았다.

파업은 회사 측이 요구 조건 대부분을
들어주고서야 끝이 났다.

청진부두에선 장시간 노동을
강요받고 임금은 도리어 삭감되자

격분한 노동자들이 파업에 들어갔고

일제 측은 헌병과 경찰을 동원해 이들을 진압했다.

인천의 부두 노동자 1,200명도 임금 인상을
요구하며 동맹파업을 벌였고,

못살겠다 월급을 올려달라

평북 후창의 광산 노동자들은
5·1절 파업 시위를 벌였다.

8시간 노동제 실시

평양의 제사공장 노동자들은 태업을 벌였다.

강제로 일을 시키려 하자 모두 보따리들을 들고 평양역으로 향했다.

결국 회사는 노동자들의
일부 요구를 수용해야 했다.

투쟁의 대부분이 처우 개선 등을
앞세운 경제투쟁이었지만

의미는 적지 않다.

중일전쟁이 벌어진 뒤 총독부는 연일 승전보를 전하고 전쟁의 정당성을 홍보했지만

연전연승 무적황군, 지나사변은 진정한 동양평화를 위한 성스러운 전쟁!

적잖은 청년들은 다른 생각을 갖게 되었다.

금방 끝날 것 같이 떠들었지만 전쟁은 계속되고 있어.

생각보다 고전하고 있다는 얘기, 어쩌면 독립의 기회가 찾아올 지도...

그들은 낙서,

우리 조선을 세우자! 조선 청년아 싸우자

유언비어 유포,

일본이 전쟁에 지고 있고 독립군과 유격대가 만주, 중국에서 엄청 싸우고 있대.

정말? 나도 듣긴 했어.

전단 살포 등으로 자신들의 의사를 표현했다.

일제하 학교는 노예양성 공장! 독립을 위해 동원하자!

학교라는 집단 속에 소속된 학생들은 아무래도 좀 더 조직적이었다.

극심한 탄압으로 공산주의 운동이 쇠퇴하고

유명한 사회주의자들 상당수는 전향했다.

황도주의야말로 인류의 평화와 융성을 위한 대사상임을 자각하고...

이런 환경으로 학생들은 예전에 비해 민족주의적 경향이 강화된 모습을 보인다.

조선인은 조선말을 써야지.

암!

10명 안팎의 비밀결사나 혹은 독서회 형식이 주를 이루었다.

일어사용 반대, 창씨개명 반대, 신사참배 반대!

조선의 청년학도라면 마땅히 그래야지.

춘천고보엔 상록회가 있었다.

자기완성, 지도자로서의 책임 완수, 단결력 배양을 3대 강령으로!

월례회, 토론회, 독후감 발표회 등을 가졌고 귀농운동을 벌였다오.

졸업생 중에선 지린으로 건너가 상록회를 조직한 이들도 있고

춘천에서 농민 단체를 조직한 이도 있다.

상록회는 또한 별동 단체로 독서회를 만들어 춘천농고 독서회를 비롯해 서울, 평양, 함흥 등의 학생들과 연락했다.

1938~1939년 상록회와 독서회에서 137명이 검거되고

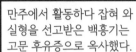

10명이 2년 6개월 형을 받았다.

만주에서 활동하다 잡혀 와 실형을 선고받은 백흥기는 고문 후유증으로 옥사했다.

상록회는 그 뒤로도 활동을 이어가다가 1941년 2월, 다시 24명이 검거되었다.

그 밖의 주요 학생운동 조직들은 다음과 같다.

평양숭의여학교의 일편단심회, 공주고보 명랑 크럽, 평양숭인상업학교 일맥회와 열혈회, 연희전문 경제연구회,
춘천농업학교 독서회, 원산상업학교 경회, 광주서중 독서회, 인천상업학교 인상친목회, 수원농고 한글연구회,
함흥농업학교 지경친목회, 함흥 각 학교의 철혈단 등

간도특설대

1938년 9월 일제는 만주 지역
조선인 유격대 토벌을 위해
조선인을 중심으로 간도특설대를 창설했다.
간도특설대는 동북항일연군 및
만주 지역에서 항일운동을 하는
독립군 토벌에 앞장섰다.

지린성 옌벤조선족자치주
안투현

남만주

보천보

동북항일연군 제1로군

일제의 토벌이 강화되자 동북항일연군은 11군을
3로군 체제로 재편했다. 특히 조선인이 많았던
제1군과 제2군은 제1로군으로 편성되었으며,
김일성은 제1로군 제2군 제6사 사장을 맡았다.

제3장

동북항일연군

1935년 중국공산당의 8·1선언과 코민테른 제7차 대회 정신에 발맞춰
중국공산당 만주성위는 항일 구국의 목표 아래 동북인민혁명군을 중심으로
그 밖의 반일 무장 부대와 연합해 동북항일연군을 출범시킨다.
그리고 동북항일연군의 조선인 지휘관들이 중심이 되어
통일전선 조직인 조국광복회를 결성한다.
동북항일연군은 항일 전투 및 국내진공작전을 수행하기도 하지만,
일제의 대토벌전과 귀순작전 등으로 버티기 어려운 상황에 내몰리면서
투항과 변절이 줄을 잇게 된다.

일경에 체포된 박금철
1937년 6월 4일 김일성이 이끄는 동북항일연군
제1로군 제6사 병력이 조국광복회 회원과 함께
함경남도 갑산군 보천보의 주재소를 공격했다.
이 사건으로 김일성의 명성이 높아졌고,
사람들 사이에서 갖가지 이야기가 만들어지면서
김일성 전설이 자리를 잡았다.

1938	1939	1940
조선의용대 창설	국민징용령 실시	한국광복군 창설
뮌헨회담 개최	제2차 세계대전 발발	프랑스, 독일에 항복

조국광복회와 보천보 습격

1935년 중국공산당의 8·1선언과

일치단결하여 일제 침략에 맞서 싸우자!

코민테른 제7차 대회 정신에 발맞춰 중국공산당 만주성위는 동북인민혁명군의 변화를 꾀한다.

광범한 반제통일전선에 기반한 항일연군으로!

동북항일연군의 출범은 이전과는 다른 중국공산당의 생각이 반영된 것.

東北抗日連軍

예전엔 솔직히 일국일당주의에 입각해 조선의 독자성을 별반 인정하지 않았고 민생단으로 의심도 많이 했지. 인정!

이제는 각 당파는 물론 제 민족과 함께 공동전선을! 재만 조선인의 민족해방운동도 적극 지원할 거야.

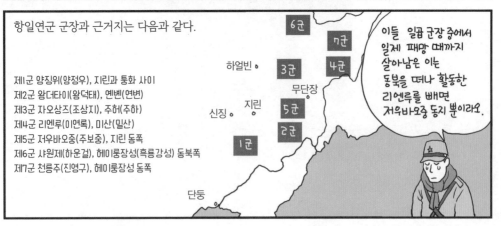

항일연군 군장과 근거지는 다음과 같다.

제1군 양징위(양정우), 지린과 통화 사이
제2군 왕더타이(왕덕태), 옌볜(연변)
제3군 자오상즈(조상지), 주허(주하)
제4군 리옌루(이연록), 미산(밀산)
제5군 저우바오중(주보중), 지린 동쪽
제6군 샤윈제(하운걸), 헤이룽장성(흑룡강성) 동북쪽
제7군 천룽주(진영구), 헤이룽장성 동쪽

6군
7군
3군
4군
하얼빈
무단장
신징
지린
5군
2군
1군
단둥

이들 일곱 군장 중에서 일제 패망 때까지 살아남은 이는 동북을 떠나 활동한 리옌루를 빼면 저우바오중 동지 뿐이라오.

조선인들이 많았던 부대는 제1군과 제2군.
그중에서도 제2군은
절반 가까이가 조선인이었다.

김일성

특히 내가 이끌었던
2군 3사는 거의 다
조선인이었지.

사실상
조선혁명군이지.

동북항일연군으로 재편했지만 이때는 이미
삼광 전술을 앞세운 토벌 전략과

죽이고,
불사르고,
빼앗고!

반민생단투쟁에 따른 역량 약화로 인해

탕 탕 탕 탕탕

근거지를 포기한 상황.

근거지가 없는 유격대는 이제 일만군의 강력한
토벌 공격에 맞서 응전하며 이동해야 했고,

이동하면서 싸워야 했다.

토벌이 강화되자 항일연군은 전체 11군을 3로군 체제로 재편한다.

1, 2군이 제1로군,
4, 5, 7군이 제2로군,
3, 8, 9, 11군이
제3로군으로.

제1로군
총지휘
양징위

제2로군
총지휘
저우바오중

제3로군
총지휘
장서우첸
(장수전)

각 군의 주요 한인들은 다음과 같다.

제1로군
제1군 참모장 안광훈, 제2사 참모장 이희민, 이흥소, 정치부 주임 전광,
　　　제8단장 현기창, 제3사 정치부 주임 유만희
제2군 제4사장 안봉학, 참모장 박득범, 제단장 최현, 정치위원 임수산,
　　　제6사장 김일성, 제7단장 김주현, 정치위원 홍범, 김재범

제2로군
제4군 제2사 부사장 겸 제4단장 이학복, 정치부 주임 최영화,
　　　참모장 최용건, 제4사 정치부 주임 박덕산
제7군 대리 군장 최용건, 군장 이학복,
　　　제1사 정치위원 이일평, 제3단장 김창해,
　　　제2사장 이학복, 참모장 김탁, 제4사장 김세창

사장 이상을 맡은 이는
안광훈, 안봉학, 김일성, 이학복,
최용건, 김세창, 김책, 허형식
정도...

제3로군
제3군 군장 김책, 허형식, 정치부 주임 김책
제9군 정치부 주임 허형식
제11군 정치부 주임 김정국

한편 동북항일연군이 조직될 때부터
중공 만주특별위원회와 제2군의 주요 간부들은
조선인의 자치 문제와 항일 민족통일전선에 대해
논의해왔다.

그리하여 통일전선 조직으로서 조국광복회가 역사에 등장하게 된다.

조국광복회

북한에선 김동명, 이동백, 여운형 등을 발기인으로 해서 1936년 5월 창립했다고 한다.

이동백은 만주 일대에서 독립운동을 한 원로이고,

여운형의 이름이 들어간 것은 향후 연대할 계획으로 넣은 듯한데 ···

김동명은 누구?

김동명에 대한 북한 측 설명이다.

김동명이 곧 김일성 동지.

김일성 동지께서 회장으로 추대되시자 젊은 나이에 추대되는 게 어색하시다며 김동명이란 가명을 올리셨습니다.

또한 1936년 6월 오성륜(전광의 본명), 엄수명, 이상준(이동광)을 발기인으로 하여 재만한인조국광복회선언이 발표되었다는 기록도 있다.

이 둘은 항일연군의 지휘 아래 같은 목적과 강령을 갖고 병행적으로 출발한 것일 수 있겠다.

만주 지역 조국광복회 출범으로 이때까지 남아 항일투쟁을 계속해오던 조선혁명군 잔여 세력 일부도 합류할 수 있었다.

조국 광복을 위해 함께 싸웁시다.

조국광복회의 10대 강령은 노동자 계급의 헤게모니가 완전히 배제된,
그야말로 조국 광복과 민주 정부 수립에 초점을 두고 있다.

조국광복회 강령

1. 한국 민족의 총동원으로 광범한 반일 통일전선을 실현함으로써 일본 강도의 통치를 전복하고
   진정한 조선의 독립적 인민 정부를 수립할 것
2. 한중 민족의 친밀한 연합으로 일본 및 주구 만주국을 전복하고 중한 인민이 자기가 선거한
   혁명 정부를 수립하여 중국 영토에 거주하는 한인의 진정한 자치를 실현할 것
3. 일본 군대, 헌병, 경찰 및 그 주구들의 무장을 해제하고 일본 군대를 우리 애국지사로 표변 원조하며
   전 인민의 무장으로 한국인의 진정한 독립을 위해 싸우는 군대로 조직할 것
4. 일본의 모든 기업, 은행, 철도, 해상의 선박, 농장, 수리 기관 및 매국적 친일 분자의 모든 재산,
   토지를 몰수해 독립운동 경비에 쓰며 일부 빈곤 동포를 구제할 것
5. 일본 및 그 주구들의 인민에 대한 채권, 각종 세금, 전매제도를 취소하고 대중 생활을 개선하며
   민족적 공·농·상공업을 장해 없이 발전시킬 것
6. 언론, 출판, 사상, 집회, 결사의 자유를 쟁취하고 왜놈의 봉건사상을 장려하는
   백지 공포의 실현에 반대하며 모든 정치범을 석방할 것
7. 양반, 상민 및 기타 불평등의 배제, 남녀, 민족, 종교, 교육 등으로 차별하지 않으며
   일률적 평등과 부녀의 사회상의 대우를 제의하고 여자의 인격을 존중할 것
8. 노예·동화교육을 반대하고 우리말과 글을 학습하며 의무적 면비교육을 실시할 것
9. 8시간 노동제 실행, 노동조건 개선, 임금 인상, 노동법안 확정, 국가기관으로부터
   각종 노동자의 보험법을 실행하여 실업하고 있는 노동 대중을 구제할 것
10. 한국 민족에 대하여 평등하게 대우하는 민족 및 국가와 친밀하게 연락하며
    우리 민족해방운동에 선의, 중립을 표시하는 국가 및 민족과 동지적 친선을 유지할 것

조국광복회사업은 남만, 북만, 국내 등에서
동시에 전개되었다.

백두산 일대와 국내에서의 조국광복회사업은
김일성과 제6사의 주도하에 전개되었다.

김일성은 휘하 간부인 권영벽 등
30여 명의 공작원을 국내로 들여보냈다.

이제순의 활동 결과 그해 겨울 김일성은 국내의
박달, 박금철을 백두산 밀영으로 불러 만났다.

이들은 돌아가
조선민족해방동맹을 결성했다.

조국광복회의 다른 이름,
조국광복회 10대 강령도
그대로 우리 강령!

조선민족해방동맹

조선민족해방동맹 조직원들은
일대의 경방단, 학교, 관청 등에
침투해 조직을 구축해갔다.

공작원들은 또한 흥남, 함흥,
원산 등지로 조직을
확대해나갔다.

공작원들은 국경 일대의
천도교 공작에도 공을 들였고,

일대의 천도교 지도자
박인진 도정의 동참을
끌어냈다.

박인진 역시 1936년 12월 백두산 밀영을 찾아
김일성을 만났고

조국광복회 기관지 《3·1월간》 창간호는
이 만남을 알리고 있다.

천도교 상급 수령 모 씨,
우리 광복회 대표를
친히 방문…

이후 박인진의 노력으로
천도교인의 가입이 급증했고
혜산지회, 갑산지회, 삼수지회,
풍산지회 등이
잇따라 조직되었다.

지회에선 우수 청년들을 뽑아
유격대로 보냈다.

박인진은 서울로 가서 최린을 만나 조국광복회에 대해
설명했다.

최린은 이렇게 답했다.

김일성 등의 주의는
천도교의 주의와
반하는 것으로
제휴할 수 없다.

조국광복회 조직의 확대에 자신을 얻은 항일연군은 국내진공작전을 구상한다.

1937년 3월 제1로군 제2사, 제4사, 제6사의 간부회의가 밀영에서 열렸다.

6사의 주도 아래 보천보를 친다.

보천보는 압록강 상류에 자리한 혜산진 옆의 작은 읍.

백두산

삼지연

보천보

혜산

사전에 조국광복회 조직을 통해 정보를 파악한 김일성은

조선인 가구가 280호, 일본인 가구 26호.

주둔 부대는 없고 조그만 주재소가 하나 있소. 혜산진 주둔 부대가 들이닥치기 전에 속전속결로 임무를 끝내야 하오.

1937년 6월 4일 밤, 100여 명을 이끌고 강을 건넜다.

합류한 조국광복회 회원 80여 명과 함께 보천보를 들이쳤다.

몇 명 되지 않는 주재소 경찰들로서는
맞설 수가 없었다.

주재소, 면사무소, 산림보호구, 우체국 등을 불태우고

모여든 마을 주민들 앞에 조선 독립을 설파하는 일장 연설을 한 다음

〈보천보의 횃불〉(정관철, 1948년)

김일성 부대는
보천보를 떴다.

일제는 김인욱 소좌가 이끄는 혜산진 수비대 150명을 출동시켰다.

강을 건너온 혜산진 수비대는 만주국 군경 350명과 합세했다.

김일성이 이끄는 제6사는 최현이 이끄는 제4사와 합세하여 간삼봉 유리한 고지에 매복하고 적을 기다렸다.

치열한 전투가 벌어졌다.

아침부터 시작한 전투는 저녁 무렵에야 끝이 났다. 적은 만주 군경 시체 50여 구, 일본군 시체 수십여 구를 남기고 물러갔다(일본 측 자료에는 일본군 전사자가 5명이었다).

사건 이후 일제는 국경에 대한 경비를 강화하는 한편,

사건에 대한 조사에 들어갔다.

아무리 생각해도 내부의 호응자가 있지 않고선 있기 어려운 전개였어.

보천보 습격에 참여했다가 혜산읍으로 돌아오던 3인이 체포된 것이 시작이었다.

검거가 이어져 모두 739명이 체포되고 188명이 기소되었다.

권영벽 사형!

이제순 사형!

모두 6명에게 사형이 선고되었다.

박달 사형! 사형! 사형⋯

박금철 등 4명은 무기징역을 선고받았다.

10년 이상의 징역형을 받은 이도 37명에 달했다오.

10년 이상이면 옥사할 가능성도 제법 되지.

사형을 받은 동지들은 모두 해방 직전에 형이 집행되었고 나 박달만 형을 면해 해방 뒤 출소했지요.

1930년대 이후 가장 큰 조직사건이었던 이른바 혜산사건.

우리가 붙인 이름은 '중국공산당조선내 항일인민전선결성및 일지사변후방교란사건'이지.

事件

1년간 공들여 구축해온 조국광복회는 궤멸 상황에 빠졌다.

조직 가담은 고사하고 조국광복이란 말을 입에 올리기라도 했다간 바로 감방행인 거 다들 알지?

이렇게 보면 보천보 습격은 득보다 실이 훨씬 큰 작전이었다.

김일성 전설

보천보 습격 소식은 다음 날 즉각 세상에 알려졌다.

일장기말소사건으로 정간되었던 〈동아일보〉가 복간되고 며칠 지나지도 않아 호외를 만들어 뿌린 것.

김일성 일파 보천보 습격, 방화 호외요~

신문!

연이틀 호외를 제작해 배포한 〈동아일보〉는

이쪽이 호외 1호,

이쪽이 2호!

뒤이어 관련 보도, 현장 취재를 대서특필했다.

추격 경관이 일곱 명 죽고

총 피해액이 5만 여 원에 달한다는군.

보천보 습격 소식은 일제에도 충격이었지만

조선인들에게 더 충격이었다.

아직도 독립군이 살아서 싸우고 있었어.

게다가 대범하게도 국내로!

비록 보도는 유격대를 비난하는 데 초점이 있는 듯 보였지만 조선인들은 이미 행간을 읽을 줄 알았다.

비적은 무슨, 독립군이잖아. 혹은 혁명군!

만주에서 항일부대들이 싸우고 있다더니 사실이었어.

대장 이름이 김일성인 모양.

작전 자체는 추격군을 무찌른 간삼봉전투에 비해서도 소소하지만

전투도 없었고

경찰 다섯이 있는 마을에 들어가 불지른 게 전부야.

아무 것도 아니라고.

보천보 습격은 그렇듯 강렬한 인상을 남겼다.

어쨌거나 만주까지 일본이 차지한 상황에서

만주에서 활동하는 것으로도 성에 안차 국내로 진공한 것 아녀.

〈조선중앙일보〉 사장을 사임하고 낙향해 있던 여운형은

밤새 인근의 친구들과 기쁨의 술을 마셨다.

하 하 하 하

그리고 여운형은 직접 현장을 찾아 기사의 내용을 확인했다.

팩트였어!

보천보 관련 기사를 전담한 이는 〈동아일보〉 혜산진 주재 기자 양일천이다.

그는 또한 《삼천리》 1937년 10월 호에 김일성 회견기를 실어 김일성을 널리 알렸다.

國境의匪賊首魁金日成會見

비적 수괴 김일성 회견기? 뭐야, 김일성을 인터뷰한 거야?

정확히 말하면 김일성 부대에 '납치'되어 백두산 밀영에서 김일성을 만나고 온 부자 노인 김정부의 회견기다.

이후 김노인은 계속해서 우리에 대한 지원을 아끼지 않았지.

김정부 노인은 말한다.

김일성은 어떤 사람입니까?

후리후리한 키, 우락부락한 목소리, 음성을 보아 고향은 평안도인 듯. 예상보다 연령은 너무나 젊어 혈기방장한 서른 미만의 청년이라오.

그는 만주어에 정통하고 어디까지 대장이란 표적이 없고 복장과 식사까지 하종(下卒)과 한가지로 기거를 같이하고 감고(甘苦)를 같이하는데 그 감화력과 포용력이 있는 듯 보였소.

말미에 양일천은 이렇게 쓰고 있다.

김일성! 비적 괴수인 그는 골격이 여물어 보이고 말 잘하고 뱃심 있어 보이는 그! 나이에 비해 노숙해 보이는 그! 그는 마적 대장이라 지칭함이 그럴듯해 보이더라고 김 옹은 여러 번 말했다.

이듬해에 양일천은 다시 《삼천리》 1938년 11월 호에 김일성의 부하로 있다가 귀순한 두 여성대원의 인터뷰를 실었다.

김일성 말씀입니까?

김일성은 27세 밖에 안 된 건장한 청년이지만 퍽이나 노련한 사람입니다.

김일성의 부대는 60명에 불과하지만 수백 명의 보조대가 있습니다. 김일성은 일사불란하게 대원을 통제하며 외공내수(外攻內守)하는 수완은 듣는대로지요.

이런 보도들은 김일성의 명성을 높여주었고 사람들 속에 갖가지 이야기가 만들어져 퍼지게 만들었다.

듣자니 축지법을 쓴다며?

동에 번쩍 서에 번쩍 홍길동이 따로 없다잖아.

분신술도 쓴대고.

그런 이야기들이 전설로 자리 잡게 된 데는 역시 〈동아일보〉의 역할이 컸다.

오늘자 동아일보 봤어?

뭐? 김일성 기사? 봤지, 정말 놀랍지 뭔가?

김일성

〈동아일보〉는 폐간될 때까지 여러 차례 김일성과 그의 부대의 활동상을 기사화했다.

김일성 일파 200명 국경선 진출 기도(1937. 6. 30.)
함흥 신갈파 대안에 김일성 일파 500여 명 내습(1937. 7. 2.)
김일성 일파 등 100여 명 18도구에 출현(1937. 7. 11.)
김일성 일파의 습격-나팔 불며 6도구 시가에 침입, 사상·납치 50여 명(1938. 4. 29.)
100여 명의 김일성 일파 식료품 강탈, 촌민 납치(1939. 4. 14.)
함남 대안 반절구에 공비 김일성파 내습(1939. 5. 5.)
김일성 일파 600여 명 월경 습격의 태세(1939. 5. 19.)
김일성 비적 일파 경찰 본부 습격(1940. 3. 13.)

수만 명을 동원한 토벌 소식이 숱하게 전해지는데

대토벌이 또 시작됐다는데

비행기도 엄청 동원됐대.

그렇게 대규모로 산 속을 샅샅이 훑게 되면 아무래도 이번엔 버티기 어렵겠지?

김일성과 그의 부대는 죽지 않고 살아남아 존재를 알리는 것만으로도 사람들은 경탄했고

살아 있었네!

김일성 전설은 자리 잡았다.

어떻게 토벌에 번번이 살아남지.

김일성 …

숨어서 활동을 안 하는 것도 아닌데 …

김일성 …

축지법을 쓴다더니 진짜인가 봐.

무기는 어디서 나오지?

솔방울로 수류탄을 만든대

에이~ 설마

일제의 토벌 전략과 간도특설대

항일연군이 처한 상황은 충칭은 물론 옌안(연안)보다도 훨씬 열악했다.

몸을 피할 수 있는 배후지나

무기와 식량을 공급받을 수 있는 근거지가 없어서리…

적이 지배하는 구역 안에서 싸우며 필요한 모든 것을 스스로 해결해야 하기 때문이다.

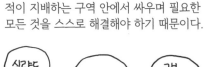

식량도,

무기와 탄약도,

군복, 의약품도…

근거지를 포기한 이후 항일연군의 전투는 사실상 적의 토벌전에 맞선 반토벌전이다.

토벌에 맞서 응전하고

유인해 공격하고

포위를 뚫고
탈출해야 하는
하나같이
살아남기 위한
전투라 하겠다.

특히 해마다 늦가을에 시작해 겨울까지 이어지는 대토벌전은
견뎌내기 어려웠다.

헐벗은 산은 유격대원의 몸을
가려주지 않았고 산나물도,
열매도 제공해주지 않았다.

그러니까 동상 걸려가며
굶주려가며 뭔 고생이냐고?
투항해서 따뜻한 구들에 누워
고깃국 먹으면 좀 좋냐고? ~

소련군을 잠재적 적군으로 여기는
일본 육군에게

머지않아
리턴매치를
벌여야 할
상대!

항일연군은 심각한 내부 교란자이자
소련군의 앞잡이로 여겨졌다.

저놈들과의 싸움은
소련과의 전초전이고,
존재 자체가
만주 치안의 암덩어리.

토벌의 핵심 주력은 역시
군과

준군사화된 경찰,

만주국 군경이다.

소총이나 기껏해야 수류탄과
기관총으로 무장한 항일연군을
상대로

일본군과 만주군은
비행기, 대포 등을 동원하고
병력도 초기 수천에서
수만으로 확대했다.

일제가 유격대 토벌에 있어서 가장 신경 쓴 일은
일반 민중과의 연계 차단.

물고기를 물에서
떼어 놓아야.
이름하여
비민분리!
(匪民分離)

유격 근거지로 쓰일 만한 촌락을
초토화해버리고

흩어진 농가들을 한데 모아 집단부락을 조성했다.

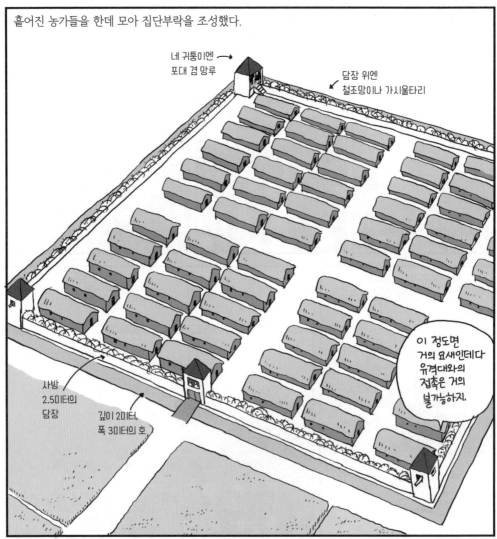

네 귀퉁이엔 →
포대 겸 망루

담장 위엔
← 철조망이나 가시울타리

사방
2.5미터의
담장

깊이 2미터,
폭 3미터의 호

이 정도면
거의 요새인데다
유격대와의
접촉은 거의
불가능하지.

출입구는 하나. 양민증이 있어야
통과가 가능했고

그나마도 저녁 시간이면
출입이 봉쇄되었다.

치안 병력이 상주했고

주민들로 무장 자위단이
조직되었다.

공산비적들로부터
스스로를 지키는
무장자위단 ♪

1939년 말에 이르면
집단부락의 수가
13,451개에
달했지.

일제는 또한 이이제이 전략을
펴기로 했다.

조선인을
잘 아는
조선인에게

골치아픈
조선인 유격대의
토벌을 맡기자
이거지.

그렇게 하여 창설된 부대가 간도특설대다. 1938년 9월 만주국 치안부 산하 부대로 창설이 결정되어 이듬해 3월 정식 발족했다.

간도특설대

<매일신보>에 관련 기사 및 모집 공고가 났다.

왕도낙토 제일선에 조선인 특설부대라

모집 인원 288명에 자격은 18세 이상 20세 미만.

보통학교 졸업 이상의 학력, 복무 연한은 3년이라네.

능력에 따라 하사관으로 승진할 수도.

1939년 10월 25일 협화회 주최로 창립 축하회가 열렸는데, 이범익 간도성장을 비롯해 일본과 만주의 군, 헌병, 경찰 간부들이 대거 참석했다.

간도특설대 창립축하회

일제 패망기까지 제7기에 걸쳐 2,100명이 모집되고 평균 300명을 유지했다.

♪ 시대의 자랑 만주의 번영 위한
징병제의 선구자 조선의 건아들아
선구자의 사명을 안고
우리는 나섰다 나도 나섰다
⋮
천황의 뜻을 받은 특설부대
천황은 특설부대를 사랑한다 ♬

하사관을 포함한 사병은 조선인이, 장교는 조선인과 일본인으로 채워졌다.

우리의 임무는?

비적박멸!

조선인 장교는 만주의 군관학교 출신들이었다.

김백일
송석하
김석범
신현준
백선엽   등...

간도특설대 조선인 사병들은 만주국에서 사격, 총검, 검도 등의 경연대회가 열리면 우승을 휩쓸었다.

토벌전에 나선 간도특설대는 강간, 약탈 등으로도 악명 높았고,

항일연군과의 전투에서 특히 악착같았다.

비록 대패했지만 간도특설대의 명성을 알린 전투는 다샤허전투다.

1939년 8월 천한장(진한장)이 이끄는 제1로군 제3방면군은 다샤허(대사하) 집단부락을 쳤다.

그러곤 물러나 매복했다가 증원 부대가 오자
격전을 치렀다.

다시 철수해 매복한 제3방면군은

일본군 수비대가 집단부락 내 일본인 주검들을 수습해
돌아가다 항일연군이 미리 파놓은 웅덩이에 빠지자
일제사격을 가했다.

전투는 격렬했고

200여 명의 일본군 수비대가 사살되었다(다샤허전투).

이날 전투에는 제13단장 최현, 제15단 정치위원 안길이 참여했고,

상대 쪽에서는 오현상 이하 20여 명의 간도특설대가 함께했다.

이 중에서 16명이 전사했다.

만주국은 이들 16명의 장례를 성대히 치르고

16용사 전적비를 세웠으며

전사자들에겐 훈장이 수여되었다.

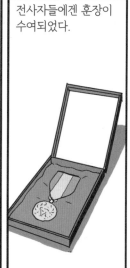

백척간두의 항일연군

토벌 전략의 또 다른 카드는 귀순이다.

똑똑한 귀순자 하나가 열명, 백명의 비적을 제거해 주지.

이를 위해 일제와 만주국은 다양한 공작대와 밀정을 투입했다.

가자! 귀순자 만들러!

나가시마 공작반도
그런 부대 중 하나다.
일본 헌병 상위인
나가시마가 지휘하는 부대로
헌병대 산하 특무 부대.

1938년 2월 나가시마 공작반은 항일연군 밀영을 급습해
5명을 사살하고,

타타타타타타

안광훈을 체포했다. 안광훈은
제1로군 제1군 참모장.

뜻밖의 월척을 잡았네.

1938년 5월 항일연군 제1로군 군정회의는 다음과 같이 결정했다.

잔존 역량을 보존하면서 적의 전면적 공세를 분쇄하려면,

관내로 이동해 팔로군과 연계한다.'

이를 위해 서정(西征)을!

그러나 양징위가 이끄는 항일연군은 서정길에 나서자마자 포위망에 걸려 고전한다.

설상가상으로 제1로군 제1사장이었던 청빈이 부대를 이끌고 투항한다.

여기엔 나가시마 공작반의 공작이 있었다.

앞서 체포된 안광훈은 투항을 택했고, 이렇게 건의했더랬다.

청빈은 효자여서 어머니의 말을 들을 겁니다.

청빈 어머니와 형을 체포해
청빈에게 투항을 권하는 편지를 쓰게 했다.

밀정을 통해 편지를 받아 본 청빈.

투항에 반대하는 간부들을 사살한 뒤

제1사 소속 61명과 분산된 타 부대원들까지
모두 115명을 이끌고 투항해버린 것.

투항한 115명 중 나이 많고
체력이 떨어지는 이들은
귀가 조치되고

나머지 80여 명은 재교육을 받은 뒤 청빈정진대라는
토벌대로 재탄생되었다.

이것이 바로
귀순와해공작의
위력!

청빈의 투항이 안긴 타격은 막대했다.

I 사는 통째로 사라졌고

주요정보가 다 적들에게 넘어갔소. 간부들에 대한 정보, 작전 계획, 그리고…

밀영의 위치가 다 파악됐지.

식량, 의복, 탄약 등 비적들에게 필요한 비품들이 다 우리 손에 ㅋㅋ

한마디로 말해 최후의 보급선이 끊겼단 얘기지. 이제 어쩔건가?

청빈의 투항과 이후 토벌대로 활동한다는 소식은 오랜 싸움에 지친 다른 대원들의 투항을 부추겼다.

최소한 죽이지는 않는 모양…

우리의 싸움이 이길 것 같지도 않고

추위와 배고픔 속에 이런 생활을 계속해야 하나?

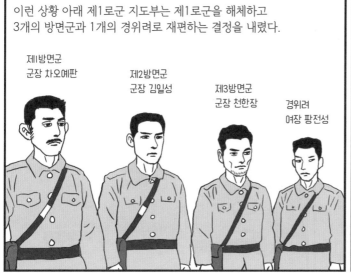

이런 상황 아래 제1로군 지도부는 제1로군을 해체하고 3개의 방면군과 1개의 경위려로 재편하는 결정을 내렸다.

제1방면군 군장 차오예판

제2방면군 군장 김일성

제3방면군 군장 천한장

경위려 여장 팡전성

그리고 다시 1년을 버텨냈다.

관동군은 1939년 가을부터 이듬해 봄까지
잔여 항일연군을 완전히 섬멸하기 위해
대규모 작전에 나선다.

이름하여
동남부치안숙정계획!

3성 연합 토벌사령부를 편성하고
노조에 쇼토쿠 소장이 사령관을 맡았다.

동원 가능한 관동군,
만주군, 경찰, 간도특설대,
무장자위단 등등을 다
출동시킨다.

8만에 이르는 병력,

비행기를 이용해 정찰하고,

겨울이니
숨기도 힘들지.
저것들.

적 발견!
규모 200여 명
위치는"

유격대의 위치가 탐지되면 차량으로 신속히 이동해
포위, 섬멸하는 전략.

압도적 병력, 화력으로
끝까지 추격해 제거한다!

특히 양징위의 제거에 신경을 썼다.

비적대장
양정우다.
잡든지, 죽이든지
반드시 제거한다.

楊靖宇

양징위는 본토 팔로군과의 연계를 도모했으나 실패했다.
호위하던 경위려까지 거의 궤멸되고,

홀로 고립된 채 포위되었다.

그대가
양사령인가?

그렇다!

당신의 동료였던
청빈, 안광훈은
모두 우리와 있다.
귀순해라!

나도 내 생명을 소중히 여긴다.
그러나 당신이 원하는대로 할 수는 없다.
제국주의 멸망은 반드시 온다.
나는 최후까지 싸울 테니
마음대로 쏴라!

타
타
타
타

제1로군 사령관이었던
중국인 전사 양징위. 35세.

한겨울 산중인데다 철저히 고립된 상황에서 뭘 먹으며 추격을 피해다닌 거야.

양징위를 해부해 위를 절개했더니 곡식은 한 톨도 없고 풀, 나무껍질, 솜만 나왔다.

양징위의 머리는 유리 상자에 담겨 곳곳을 돌며 전시되었다.

보라! 비적 두목 양징위의 최후를!

......

이 외에 차오예판, 김일성, 최현 등의 소수 잔비가 준동하고 있으나 이들의 섬멸도 근일 중에 이뤄질 것이다.

......

김일성이 이끄는 제2방면군 주력 부대는 안투현(안도현) 다마루거우(대마록구) 산림경찰대를 습격해 10여 명을 사살하고 무기, 탄약 등을 노획한 뒤 사라졌다.

토벌대의 추격에 보름간이나 필사적으로 도주하던 제2방면군은 매복했다가 반격을 가했고,

토벌대 100여 명을 사살하는 완승을 거두었다(옌지(연길) 헌병대 자료에는 사살된 사람이 55명이었다). 훙치허(홍기하)전투다.

홍치허전투 때 궤멸된 마에다 경방대의 이야기가 〈만선일보〉에 여섯 차례나 연재되었다.

만선일보

마에다경방대 무요담 ③

평소 이렇게 호언장담했던 마에다 대장이

김일성 목은 내가 딴다!

대원들과 함께 악전고투를 벌이다 '천황 폐하 만세'를 외치며 장렬히 죽어갔다는 이야기.

천황폐하 만⋯

밀림에서의 여름 토벌은 어렵다.

뭐가 보여야 토벌을 하지.

반면에 우린 견딜 만 하지. 숨겨줄 밀림이 있고,

각종 열매 등 식량도 있으니⋯

1940년 가을이 되자 노조에는 재차 대토벌전에 나선다.

주타깃은 김일성의 2방면군과 천한장의 3방면군!

노조에 부대의 가을 토벌작전 명령서인 야토추작명(野土秋作命) 제6호엔 소탕 대상 지휘자를 지칭하는 은어표가 포함되어 있다.

1. 김일성 호랑이
2. 천한장 곰
3. 최현 사자
4. 한린허(한인화) 소
5. 웨이정민(위증민) 노루
6. 전광(오성륜) 고양이
7. 염오영 원숭이
8. 하 단장 개
9. 안상길 말
10. 권 지도원 새

겨울작전 명령서인 야토동작명 제4호엔 주요 인물 포살 시 상금이 고시되어 있다.

김일성, 최현 각 1만원

웨이정민, 전광 3천원

이번에야말로 완전 박멸한다!

항일연군은 더 버티기 어려운 상황으로 내몰렸다.

제1방면군 책임자 차오예판은 1940년 4월 부하에게 사살되었다.

대원들은 점점 더 줄어갔다. 전사자가 늘고

견디다 못한 이들의 투항과 변절이 줄을 이었다.

투항자들, 협력자들

압도적인 무력과 기동력으로
추격해오는 적들,

영하 30~40도를 넘나드는 추위에
지친 몸 누일 움막 하나 없고

허기진 배를 달래줄 식량도 절대적으로 부족했다.

걸을
기운도
없수다

어쩌면 남겨진 선택은 죽거나 투항하거나였다.

정확히
말하자면,

굶어죽거나
얼어죽거나
총 맞아 죽거나

투항하거나

청빈 이후 간부들의 투항이 이어졌다.

똑똑!

이름난 간부가 귀순하거나 집단 귀순이 있으면
귀순식을 성대히 열었고

비적대장 000외 0명 귀순 환영
....

〈만선일보〉는 이를 대대적으로
보도했다.

滿鮮日報
비적대장 △△△외 ○○명
제국의 품으로 귀순
명랑사회 건설로 매진

김일성이 이끄는 제2방면군(제1로군 제6사)은
조선인이 다수를 차지해 전투력과 단결력이
높기로 정평이 났다.

그런데 1940년 2월 김일성의 참모장인 임수산이
부하 넷과 함께 투항했다.

귀순하겠습니다.

임수산은 이후 자기 이름을 딴 토벌대인
임수산공작대를 이끌었다.

임수산공작대

제2방면군의 제9단장인
마더취안은 바로 그
임수산공작대에게
체포되었다.

제3방면군 참모장과
경위려장을 맡았던
박득범도 체포되어
전향한 뒤

간도성 특수경찰대 돌격대장으로 활동했다.

1941년 1월에는 전광(오성륜)이 변절했다. 동남만성위 위원이자 제1로군 군수처장.

양징위가 죽은 뒤 웨이정민 다음으로 지위가 높은 거물이지.

오성륜의 투쟁 역사는 화려하다. 《아리랑》의 김산이 가장 신뢰하는 동지로 꼽은 인물.

오성륜은 정열적인 사람, 강인한 성격을 가진 천부적인 지도자!

의열단원으로 황포탄 의거에 참여했으며

진작부터 중국공산당 당원으로 활동해왔다.

1929년 당의 지시로 만주에 와서 10년 넘게 항일 무장투쟁의 일선에서 싸워온 그다.

특히나 항일연군은 조직적 결정에 따라 소련 경내로 넘어갔는데

그는 소련행에 동참하지 않고 남았다가 체포되고 변절에 이른 것이다.

1940년 동계 토벌 시 유격대를 향해 전단이 무더기로 살포되었는데	깨알 같은 글씨로 유려한 듯 장황하게 쓰인 장문의 귀순 권고문이다.

김일성 등 반국가자에게 권고문, 재만 동포 150만의 총의로.

황량한 산하를 정처없이 배회하며 풍찬노숙하는 제군,
밀림의 원시경에서 현대 문화의 광명을 보지 못하고 불행한 맹신 때문에
귀중한 생명을 초개같이 도(賭)하고 있는 가엾은 제군!
제군의 저주된 운명을 깨끗이 청산하여야 될 최후의 날이 왔다.
생하느냐, 사하느냐? 150만 백의동포의 총의를 함(含)하야 구성된 본 위원회는
금동(今冬)의 전개될 군경의 최종적인 대섬멸전의 준엄한 현실 앞에 직면한 제군들에게
마지막으로 반성, 귀순할 길을 열어주기 위하여 이에 궐기한 것이다.
…
풍로설이 뼈를 어이는 듯한 이 만주의 혹한에 정처없이 방황하는 군등의 신상을 생각하여
눈물로 세월을 보내는 그대들 부모의 비탄을 군등은 무엇으로 보위하려는가?
이에 아등은 이러한 불행한 상태를 절멸하기 위하여 또한 이 비극을 초월하야
광명의 피안으로 군등을 구제키 위하여 궐기한 것이다.
…
만주국은 실로 이러한 동아 제민족의 공존공영을 실현하는 신질서의 표본으로서
이미 국내 5족의 일사분란한 협력에 의하여 세계에 자랑할 도의 세계의 창건을 국시로 하여
착착 국초(國礎)를 공고히 하고 있다. … 조선 내에 있어서는 2,300만의 동포는
일본 제국의 위광하에서 과거의 편파한 민족주의적 관념을 최후의 일인까지 완전히 청산하여
일본 제국의 신민된 광영하에서 격세의 감이 있는 번영의 길을 걷고 있다.
제군 같은 시대착오의 이단자가 아직도 밀림에서 현실을 모르고 방황하고 있는 현실이
상유(尙有)한다는 것을 알면 오히려 상식으로 믿을 수 없는 괴이한 일로 알 만큼 되어 있는 것이다.
…
오호! 밀림에 방황하는 제군!
이 권고문을 보고 즉시 최후의 단안을 내려 갱생의 길로 뛰어나와라!
부끄러움을 부끄러움으로 알고 참회할 것도 참회하고 이제까지의 군등의 세계에
유례없는 불안정한 생활에서 즉각으로 탈리하여 동포애의 따뜻한 온정 속으로 돌아오라.
그리하여 군등의 무용과 의기를 신동아 건설의 성업으로 전환봉사하라! 때는 늦지 않다!
지금 아 150만 동포의 최후의 호소에 응하라. 최선을 다하여 제군을 평화로운 생활로 인도할
본 위원회의 만반준비가 제군을 기다리고 있는 것이다.

동남지구특별공작후원회 본부

전단을 살포한 동남지구특별공작후원회는
한 달간 활동한 임시 조직인데

면면들이 자못 화려하다.

고문: 이범익, 최남선, 유홍순 등
총무: 박석윤, 윤상필 등
상무위원: 이성재, 서범석 등

이범익은 군수, 도지사를 거쳐
중추원 참의에 이른 인물.

미나미 총독의 선만일여 방침에 따라
만주로 전입해 간도성 성장이 되었다.

최남선은 이즈음
만주로 건너와 〈만선일보〉
편집 고문이자

만주 건국대학 교수로 만몽 문화를 강의하고 있었다.

유홍순은 만주국 사무관으로 일하다 이즈음엔 간도성 차장에 이르렀다.

직전엔 옌지방송국을 통해 '김동한 씨의 추억'을 강연했으며, 그의 동상 건립을 주도했다.

김동한선생으로 말씀드릴 것 같으면 간도협조회를 세워 비적들을 퇴치하는데 앞장섬으로써 명랑사회 건설에 지대한 공을 세우셨으며…

아, 그리고 특별공작후원회 총 지휘도 내가 맡았지.

민생단 창단을 주도했던 박석윤은 만주국 협화회 이사, 만주국 국무원 외무조사처 처장으로 일했다.

최남선 선생 매제란 얘긴 안해도 다들 알겠지?

1939년엔 만철 총재의 추천으로 바르샤바 주재 만주국총영사로 부임하기도 했다.

그치만 독일의 폴란드 침공으로 금방 돌아와야 했었다네. 아까비…

돌아와서 만주국 협화회 중앙본부 위원이 되고 동남지구특별공작후원회 유세반 반장으로 활약했다.

귀순하여 사람답게 살아라—

윤상필은 일본 육사 출신으로 만주침공에도 참여했다.

만주국 협화회가 창립될 때 현역군인 신분으로 이사에 선임되었다.

40 명의 이사들 중에서 조선인으로선 내가 유일했지.

기병소좌로
승진한 뒤
예편했고

이후 만주국 협화회
중앙본부위원회 위원,
만주국 총무청 참사관 등을
역임했다.

참사관 윤상필

이성재는 경성의학전문을
중퇴하고 일찌감치
만주로 건너와 무역업을 하여
자리 잡았다.

〈만몽일보〉 창립위원으로 참여했고

〈만선일보〉로 재창간되자
부사장을 거쳐 사장이 되었다.

사장 이성재

1937년 12월 간도협조회 회장
김동한이 사망하자 다음과 같은
추도사를 지어 올렸다.

오호, 김동한 군,
이제 유명을 달리하여 다시 만날 수 없으니 비통하도다.
...
그러나 군이여! 군이 최근에
그 고귀한 피로써 관철시킨 주의, 신념, 이상은
우리들 붕배와 후배 들이 높이 계승하여
반드시 이를 성취할 것을 군의 영전에 맹세하니
군의 생전에 친애하는 벗들 모두를 대신하여
삼가 조문을 표하노라.
그대의 영령이여!
온 세상에 울려 퍼져라.

서범석은 〈조선일보〉,
〈시대일보〉, 〈동아일보〉의
기자로 일했다.

〈조선일보〉 기자로 있다가
박헌영 등과 좌익계 기자로
해직당한 바 있고,

〈동아일보〉 펑톈(봉천) 특파원으로
있으면서 완바오산사건
(만보산사건)을 바로 알려 조중
농민들 간의 충돌을 막으려 애썼다.

〈만몽일보〉 편집국원을 시작으로
친일의 길에 들어서더니

펑톈 지역 육군 특무기관이 중심이 되어 조직한 흥아협회
사무장 겸 《재만조선인통신》 편집장으로 활동했다.

경성에서 열린
조선인징병제 요망운동
발기인으로도 참가했지.

하나같이 친일과 관련해서는 꿀릴 게 없는 인사들이다.

민족해방가

이천만의 동포야 일어나거라
일어나서 총을 잡고 칼을 잡아라
잃었던 네 자유와 너의 권리를
원쑤의 손에서 도루 찾으라
후렴) 온 세계 인류와 똑같이 살기를
반일의 전선에 나가 싸우라

망국의 애닲은 설움을 받던
배달의 자손들아 일어나거라
남녀로소를 다 물론하고
민족 해방 반일전에 달려나오라
후렴) 온 세계 인류와 똑같이 살기를
반일의 전선에 나가 싸우라

끓는 피로 청산을 고루 적시고
조선의 강토를 붉게 하여라
원쑤인 왜적을 다 물리치고
해방의 자유종을 울릴 때까지
후렴) 온 세계 인류와 똑같이 살기를
반일의 전선에 나가 싸우라

항일연군 여성빨치산이었던 김선의 수첩에서 찾은 가사로,
옌볜에서 발행한 《혁명의 노래》에 수록되었다.

한국광복군

1937년 중일전쟁이 일어나자 임시정부는 군사위원회를 설치하고 광복군 창설 계획을 세웠다. 이후 1940년 중국의 임시수도였던 충칭에 정착하면서 광복군 총사령부의 성립을 보게 됐다. 임시정부 주석 김구는 광복군 선언문을 통해 "광복군은 한중 두 나라의 독립을 회복하고자 공동의 적인 일본 제국주의를 타도하며 연합군의 일원으로 항전할 것을 목적으로 한다"고 광복군 창설의 취지를 천명했다.

한커우

충칭

창사

창사 남목청 조선혁명당 본부 건물

1938년 임시정부의 김구와 현익철, 유동열, 지청천이 후난성 창사에 위치한 남목청에 모여, 민족주의 정당인 조선혁명당, 한국독립당, 한국국민조선혁명당의 합당을 논의하다가 조선혁명당 당원 이운한에게 저격당했다. 이 사건으로 현익철은 사망하고 김구는 치명상을 입었다. 기존에는 불평분자의 우발적 소행으로 여겨졌으나 이운한이 일제에 매수되어 계획적으로 사건이 일어났음이 최근에 알려졌다.

우리는	1936	일장기말소사건	1937	고려인, 중앙아시아로 강제 이주
세계는		시안사건, 스페인내란		중일전쟁 발발

제4장

중국 관내 항일 세력의 대응

1935년 임시정부 일부 세력을 제외한 중국 관내 대부분의 민족운동 세력은
김원봉이 주도하는 조선민족혁명당으로 결집한다.
김구를 비롯한 임시정부 고수파 세력들은 한국국민당을 창당하고
조선민족혁명당에서 이탈한 한국독립당과 조선혁명당을
임시정부에 참여시키며 임시정부를 강화한다.
일본의 중국 침략이 본격화되자 조선민족혁명당은 조선의용대를 창설하고,
임시정부는 한국광복군을 창설해 일본군에 맞설 준비를 한다.

조선의용대

1938년 난징 함락 이후 일본군의 공세가 계속되자 김원봉 등은
중국 당국과 협의해 조선의용대를 창설했다. 초창기 병력은 200여 명에
불과했으나, 1940년 2월에는 314명에 이르렀다. 국민당 정부는
조선의용대가 선전 공작에 주력하길 바랐고, 실질적인 무장투쟁을 요구하던
다수의 대원들은 타이항산 팔로군 지역으로 이동, 조선의용대 화북지대로
개편됐다. 잔류 인원들은 대한민국임시정부의 한국광복군으로 통합됐다.

민족혁명당

1935년 임시정부 일부 세력을 제외한 중국 관내 대부분의 민족운동 세력은 하나로 결집했다.

새로운 조직의 당명으로 의열단과 조선혁명당 측은 조선민족혁명당을, 한국독립당, 대한독립당, 신한독립당 쪽은 한국민족혁명당을 주장했다.

> 조선……
> 한국……

결국 이렇게 정리되었지만

> 중국을 상대로 할 땐 한국민족혁명당,
> 국내를 상대로 할 땐 조선민족혁명당,
> 내부적으론 그냥 민족혁명당,
> 영문으론 Korean Revolutional Association

조소앙 등 한국독립당 세력이 이탈한 뒤

한국 독립당

1937년에 열린 전당대회에서 조선민족혁명당(민혁당)으로 확정되었다.

조선민족혁명당

민혁당은 통일전선당을 지향했다.

민족혁명당 만세!!

좌파의 당도 우파의 당도 아닌 조국독립을 위해 싸우는 모든 이들의 정당을!

와

진보적인 성격을 분명히 하면서도 이전 시기 공산당들이 주장했던 통일전선과는 달랐다.

노동계급의 헤게모니? 그런 거 인정 못하오!

짝 짝 짝

민혁당의 정세 인식과 투쟁 방향은 이러했다.

장차 2차세계대전이 벌어질 것이다. 그때가 조국독립의 결정적 시기가 될 터인 즉,

반일전선에 합류해 무장투쟁을 벌여 독립을 쟁취한다!

지휘 본부는 관내의 상대적으로 안전한 곳에 두고 만주를 전전기지로 삼는다.

이러한 그림 아래 민혁당은 그동안 훈련한 당원들을 각지로 파견했다.

화베이, 만주로!

광저우로,

상하이로!

중일전쟁이 벌어지자 활동의 중심점이 이동한다.

만주와 화베이 중심의 공작에서 관내 지역 반일군사 활동으로!

김원봉은 군사부 활동 못지않게 특무부 활동을 중시했다.

특무부 대원들은 강인한 군사훈련을 받은 인텔리들.

이들은 친일파 암살,

일본인 관료, 군인에 대한 감시와 동향 파악,

심지어 같은 당 동료에 대한 파악도 행했다.

특무부 활동은 국민당 남의사의 요청이기도 했다.

정보가 필요하오.

국민당 정부로부터 재정 지원을 받는 터라 남의사의 요구를 무시하기 어려웠지.

물론 조직 관리를 위해서도 특무 활동은 필요했지만.

한때 김원봉은 장제스와 국민당 정부에 실망해

정세는 긴박한테 공산당과의 싸움에만 신경쓸 뿐 일제와 적극적으로 싸우려 하질 않아.

다른 재정선을 찾아보려고도 했지만 실패했다.

좋소. 반장제스항일전선을 함께 합시다. 재정자원은… 우리 형편도 사정창은지라 당장은 어렵소만…

그런 만큼 장제스의 지원에 더 의존하게 되었다.

……

민혁당은 또한 선전 활동에 주력했다. 기관지를 통해 내부 사상 통일을 기하는 한편

民族革命
제○호

대중 선전 활동으로는 팸플릿이나 전단을 만들어 뿌렸다.

중국동포에게 고하는 글
민족혁명당

윤세주, 배천택은 중국 측의 요구로 일본 본토를 향한 일본어 방송을 하기도 했다.

민족혁명당 요원들이 갖고 있는 언어 사용 능력은 중국 측에서 볼 때 상당히 긴요한 무기였다.

민족혁명당 성원들은 대부분 인텔리로 조선어, 중국어는 물론 일본어에 능한 자도 많아.

일본과 일본군을 상대로한 심리전 등 활용도가 커.

시대의 요청에 따른 통일전선의 기치 아래 묶였지만

결정적 시기가 오고 있어.

민족운동자는 총단결을!

민족혁명당은 서로 다른 성향과 투쟁 이력을 지닌 세력들의 결합체.

지난 시기 최고의 투쟁은 역시 우리의 의열투쟁이지.

어허! 만주에서 직접 일본군과 맞서 숱한 전투를 치른 우리 앞에서 할 소리는 아니지.

한국독립당 세력의 이탈 뒤에도 분란이 이어졌다.

조직 운영이 분파적이오

그 쪽이 더 분파적인 거 모르나 보우?

지도부 구성을 보면 의열단과 김원봉이 세력에 비해 상당히 양보한 모습이었다.

초기 지도부 중앙집행위원 15인 중 의열단계는 세 명 뿐.

하지만 국민당 정부가 김원봉에게 지원하는 재정에 의존해야 했고,

조직 운영에 필요한 활동자금은 물론 조직원들의 생활비까지 거의 내 손에서 나왔다오.

청년 당원 다수가 군사훈련을 받은 의열단계여서

서기장 김원봉에게 자연 힘이 쏠렸다.

물론 조직의 수장인 서기장이기도 하지만 그 이상의 파워가…

김원봉과 의열단계의 독주에
최동오, 김학규 등의
조선혁명당계와

중요한 일은 다
의열단 마음대로
하고,

지청천 등의 한국독립당계는 불만이 컸다.

우릴 들러리로
취급한다
이거지.

백전노장인
우리를?!

특히 지청천과 김원봉은
사사건건 부딪히고

독재적
당운영을
하고 있잖소?

동지야말로
반당적,
분파적 행동을
중단하오.

급기야 김원봉이 이끄는 당 지도부는 지청천, 김학규,
현익철 등을 제명 처분하기에 이른다.

반당 행위를 일삼은
지청천, 김학규,
현익철, 조경한,
황학수, 유동열 등
12명을
제명한다.

제명? 우리 발로
나갈 거야.

이에 만주에서 조선혁명당과 한국독립당 활동을 했던 이들이
민혁당에서 이탈해 조선혁명당을 조직한다
(만주의 잔존 조선혁명당과는 무관하다).

양기탁, 유동열, 지청천, 김학규, 최동오, 황학수, 현익철,
그리고 박창세, 강창제, 이광제, 이운환 등…

그리고 남은 민혁당은
또 다른 분란과 마주한다.

제대로 싸우려면
동북으로 가야지,
이게 뭐하는 거냐
말이지. 안그런가?

한국국민당과 장정기 임정

윤봉길의 홍커우공원 의거로
상하이에서 항저우(항주)로
피해야 했던 임정은

이후 중일전쟁이 전개되면서 전황에 따라 계속해서
이동을 해야 했다.

덜컹
덜컹

이봉창, 윤봉길 의거의
연이은 성공으로 세계의 이목을
끌긴 했으나 임정은 여전히
관내 독립운동 세력 내에서도
주도적 지위를 갖지 못했다.

·····)

대한민국
임시정부

조선
혁명당

의열단

한국
혁명

한국
독립당

김원봉이 주도한 민족혁명당 창당 작업엔 관내 민족주의
세력뿐만 아니라 임정의 주요 인사
상당수도 합류해버렸고

독립운동 진영의
진정한 통일을 위하여
우리의 기득권을 버려야!

민혁당은 임정의 지도적 지위를
인정하려 들지 않았다.

해체하고
들어오셔.

민족
혁명당

대한민국
임시정부

임시
의정원

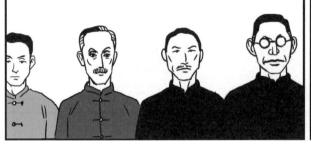

결국 임정의 지도적 지위에 동의하고 민혁당에 동참하지 않은
임정 내 일부 그룹은 한국국민당을 창당했다.

소수파로 몰린 처지의 반영인지
통일전선운동에 대해선 부정적
태도를 보였다.

민혁당은
공산주의 당!

같이 못해!

한국국민당을 받치는 기간 세력은 한인애국단 등 김구가 이끌어온 특무 조직 인원들과
한인특별반 출신 청년들. 이들을 중심으로 당의 전위 조직인 한국국민당 청년단을 조직했다.

과거 40여 년간 일관된 정신으로
혁명운동에 분투해온 백범
김구 선생의 영도를 받아 그의 손과
발이 되어 그의 정신과 사업을 계승…
- 창립선언 중

민혁당에서 이탈한
재건 한국독립당이나

한국
독립당

조선혁명당 모두 재정적 곤란을
겪었다.

이들에게 김구가 손을 내민다.

제가
도와드리지요.

김구와 국민당으로서는 민혁당에 대응하기 위해서라도 이들과의 연대가 필요했다.

우리 민족주의 세력들이라도 손을 잡아야지 않겠소이까?

결국 3당과 한인애국단, 하와이 대한인국민회, 대한인단합회, 대한부인구제회, 대한인동지회 등을 망라해 한국광복운동단체연합회가 조직된다(1937년 8월 17일).

한국광복운동단체연합회

...
넷째, 임시정부를 옹호해야 한다. 임정은 우리 삼천만 민중의 심혈로
만들어진 것으로 3·1운동의 정맥이며 지사, 선열 들의 유업이고
민족의 공기(公器)이므로 이를 지지하는 것은 민족운동의 임무다.

그리고 3당은 본격적인 통합 논의에 들어가는데,

조선혁명당 내에 3당 통합을 반대하는 이들이 제법 있었다.

무원칙한 통합이야

김구랑 지청천의 짬짜미지

지도부는 강경한 반대론을 펴는 이운한을 제명 처리했다.

1938년 5월 창사(장사)의 남목청 조선혁명당 본부.

3당의 통합을 논의하기 위한 모임이 열렸는데

ㄷㄹㄹㄱ

제명당한 조선혁명당 간부 이운한이 들어와
총을 쏘아댔다.

탕탕탕탕 탕

지청천,

유동열이 부상을 입고

김구는 가슴에 총을 맞았다.

모두가
죽을 것으로
여겼지만
김구는
기적적으로
살아났다.

현익철은 병원으로 옮겨졌으나
숨을 거두었다.

3·1을 겪고 만주로 망명해 서른 나이에
신흥무관학교 속성반에서 군사학을 배운 현익철.

활동 중 체포되어
3년 옥살이를 한 뒤

서간도 일대에서 주요 단체의 지도자로 활약해왔다.

통의부 외무위원장
정의부 집행위원 겸 외무위원장
국민부 중앙집행위원장
조선혁명당 중앙집행위원장
조선혁명군 총사령

1936년 말 상하이로 건너와
옛 동지 김규식 등을 만나
조선혁명당을 재조직하고
이때에 이르렀던 것.

사건을 벌인 이운한은 현장을 벗어났다가

체포되었지만 나중에 탈옥했다고 전해진다.

최근 연구에 의하면 일제의 밀정으로 전락한 박창세가 이운한을 부추겨 벌인 일이랍니다.

기적같이 생명을 건진 김구의 입지는 더욱 탄탄해졌다.

불굴의 항일투사 김구 선생님!

민족주의 운동세력은 김구 선생을 중심으로 단결해야!

우리는 김구 선생님을 믿고 간다!

음…

인정!

아직 합당까진 나아가지 않았으나 한국독립당, 조선혁명당은 임정에 참여했고

임정의 행보에 상당한 자신감이 실리게 된다.

임정도 중일전쟁의 발발을 보면서 독립의 때가 다가왔다고 생각했다.

중일전 직후의 '국내외 동포에게 보내는 포고문'은 임정의 정세관을 잘 보여준다.

국내외 동포들에게 보내는 포고문

우리가 두고두고 기다리고 바라던 기회가 벌어졌다. 우리의 조국 광복의 거룩한 임무를 다할 날이 이르렀다.
중일의 싸움이 폭발되었다. 그 영향은 지극히 크고 안 미치는 곳이 없다. 이번의 싸움은 한번 눌린 자가 솟아날
길이요, 강포한 자가 거꾸러질 함정이다. 죄악만을 씻기에 힘써 날뛰는 우리의 불공대천지원수 왜적의 멸망이
시각을 다투어 나타나려 한다. 우리의 친구 중국은 이치와 흥망이 우리와 더불어 그 관계가 심히 크고 같다.
중국이 죽음을 던져 살길을 바라는 이 싸움이 또한 우리의 원수를 갚고 부끄러움을 씻고
자유 독립의 국가 광복을 이루게 되는 그 고동이다.
...
그러므로 본 정부는 전국 동포에게 고하노니, 가진 힘을 한데 바쳐 천재일시의 이 사명을 행하라.
체력이 있거든 체력을 바치며 슬기가 있거든 슬기를 바치고 물질로 바치며 기술로 바치라.

그러나 현실은 아득했다.
일본의 폭격은
중국 내륙으로
점차 확대되었고,

임정은 국민당 정부가 제공한 열차, 배, 버스 등을 이용해 옮기고 또 옮겼다.

통합을 위한 진통

우파 진영이
광복운동단체연합회를
조직하자

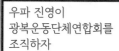

광복운동
단체연합회

좌파 진영도 조선민족전선연맹(전선연맹)을 조직한다. 조선민족혁명당
주도하에 조선민족해방동맹, 조선혁명자연맹이 결합한 것(1937년).

조선민족전선연맹

조선민족해방동맹은
중국에서 활동해온
조선인 공산주의자들의
조직이고,

조선혁명자연맹은
아나키스트들의 조직으로
그 동안의 반공 입장을 유보하고
연맹에 참여했소이다.

김성숙

유자명

전선연맹은 조직의 지향과 성격이 민족전선임을 분명히 하는 한편

조선 혁명은 민족 혁명이고
그 전선은 계급전선이나
인민전선이 아닐뿐더러
프랑스, 스페인의 이른바
국민전선과도 구별되는
… 민족전선이다.
    - 창립선언문 중

전 민족적
반일통일전선의 건립,
전 민족의 혁명적 총동원을
기한다!

스스로를 민족전선의 완성체가 아니라 출발점으로 보았다.

항일에 동의하는
모든 조직, 인사와
함께!

동지들도
함께 합시다.

광복운동
단체연합회

……

그런데 이즈음 민족혁명당 내엔 김원봉의 권위에 도전하는 새로운 세력이 형성되고 있었다.

웅성 웅성

수근 수근

그 중심엔 최창익이 있다.
함북 온성 출신의 서울파 공산주의자.

제3차 공산당사건으로 체포되어 7년간 투옥되었다가 1935년 출옥했다.

1936년 허정숙과 중국으로 건너와 민혁당에 가입했다.

허정숙은 변호사 허헌의 딸로 대표적인 사회주의 여성운동가.
조선여성동우회,
근우회 등에서
중심적인 역할을 했고

두 차례에 걸쳐 투옥되었다.

1차 조선공산당 사건으로, 광주학생운동 시 서울학생시위 주도 혐의로.

자유연애로도 유명했던 허정숙은

첫 애인인 임원근이 구속되자 송봉우와 동거했고

송봉우가 전향하자 결별한 뒤 신일용을 만나 아이까지 낳았다지.

자유연애의 아이콘!

중국에서 최창익과 부부의 연을 맺었다.

최창익은 주장했다.

중국 관내에서의 운동은 전체 운동, 특히 국내 운동에 종속돼야 합니다.

전체운동과의 연계를 위해 우리 민혁당 주력은 무장부대의 형태로 동북 진출을 기해야 합니다.

그의 주장은 보다 적극적인 투쟁을 바라는 청년들을 사로잡았다.

김원봉의 생각은 달랐다.

국내와 동북 지역의 우리 민중들과 연계해야 하며, 무장화를 서둘러야 한다는 데 대해 동의합니다.

하지만, 운동의 중심은 해외 안전지대에 설치되어야 운동의 지속성을 보장할 수 있습니다.

그는 국민당 정부의 지원을 중요하게 생각했고,

국내의 대중운동이나 동북의 유격투쟁도 국민당 정부의 자원 아래 재조직 돼야 합니다.

관내에서 육성한 공작원을 국내와 동북으로 파견하는 방식을 선호했다.

1938년 5월에 열린 민혁당 제3차 전당대회는 이런 결정을 내렸다.

전체 항일운동과의 연대 강화를 위해 민족혁명당의 투쟁역량을 동북으로 발전시키며 무장투쟁 노선을 채택한다.

짝 짝

최창익 노선이 채택된 것이다.

짝 짝...

그런데도 김원봉이 동북 노선에 소극적인 태도를 보이자

최창익, 김학무 등 50여 명은 민혁당을 탈당해 조선청년전시복무단을 조직한다(곧 조선청년전위동맹으로 개칭된다).

조선청년전시복무단

장제스는 1938년 11월 김구를,

우리 중국 안에서 항일투쟁을 벌이고 있는 한인 동지들은 하나로 힘을 모아서,

1939년 1월 김원봉을 각각 불러 합작을 권했다.

우리와도 단일한 창구로 접촉하게 되길 바라오.

장제스의 권유에 동의한 김구와 김원봉은 1939년 5월 '동지, 동포 제군에게 보내는 공개 통신'을 발표했다.

동지, 동포 제군에게 보내는 공개 통신

一. … 이에 우리 두 사람은 신성한 조선 민족 해방의 대업을 완성하기 위하여 장래 동심협력할 것을 동지, 동포 여러분 앞에 고백하는 동시에 눈앞의 내외정세 및 현 단계에 있어서 우리들의 정치적 주장을 아래에 진술하기로 하였다.

二. … 다시금 우리의 현 단계 정치 강령의 대강은 적어도 다음의 내용을 갖추지 않으면 안 된다. 자주독립국가 건설, 봉건 세력 및 반혁명 세력 숙청 및 민주공화제 건설, 주요 기업 국유화, 토지는 농민에게 배분하는 것으로 하고 토지 매매를 일체 금지하며, 노동보험 실시, 남녀평등 및 언론 출판 집회 결사 신앙의 자유 보장, 의무교육과 직업교육을 국가 경비로 실행하고, 인류 평화와 행복에 기여한다.

三. 마지막으로 목하 중국 관내 운동에 대한 우리 두 사람의 공동 의견을 발표하려 한다. 관내에 현존하는 모든 혁명 단체를 해소하고, 공동 정강 아래 단일 조직으로 재편한다. … 우리 두 사람은 개인 의견으로써뿐만 아니라 용감히 분투하고 있는 다수 동지의 일치된 의견 위에 해외에 있는 다수 동지, 동포와 함께 먼저 관내 운동 조직의 계획적 변혁과 광명을 가진 새로운 국면의 창조를 향하여 절대적인 자신과 용기를 갖고 나아가려 한다.

마지막으로 친애하는 모든 동지들의 건투를 빌며, 삼가 혁명의 최고 예의를 표시한다.

기원 4272년 5월
김구, 김약산

통일전선을 기피해왔던 김구가 우파 세력을 결집하면서 힘을 갖게 되자 자신감을 얻었고 손을 잡게 된 것이다.

나야 뭐 진작부터 통일전선을 주창해왔고♪

그렇게 둘이 손을 맞잡자 관내의 전선 통일에 대한 기대가 어느 때보다 높아졌다.

이번엔 진짜 좌우합작이……

양김이 손잡았으니 반은 이뤄진 셈.

이에 따라 1939년 8월 쓰촨성(사천성) 치장(기강)에서 통합을 위한 7당회의가 열렸다.

한국국민당
조완구
엄항섭

한국독립당
조소앙
홍진

조선혁명당
지청천
최동오

민족혁명당
성주식
윤세주

조선혁명자연맹
유자명
이하유

조선민족해방동맹
김성숙
박건웅

조선청년전위동맹
신익희
김해악

그러나 조직 방식과 관련해

단일당 방식으로 갑시다!

좋소!

무슨 소리요?

해방동맹과 전위동맹은 반발하면서 탈퇴해버렸다.

서로의 주의가 같지 않은데 어찌 단일당을 한단 말이요.

남은 5당끼리 통합 논의에 들어갔으나 견해 차이가 극명했고

임시정부를 최고 지도기관으로 삼아야!

무슨 소리요? 새로 조직되는 신당을 최고 지도기관으로 세워야지.

민혁당이 이탈하면서 5당 통합 논의도 결국 무산되고 말았다.

이후 우파 진영인 한국광복운동단체연합회는 오히려 단합이 진전되어

차이가 커졌지만 민족주의에 기반한 우리는 역시 잘 통해.

동감!

합칠까?

3당의 통합으로 이어졌지만(1940년 5월)

한국국민당	한국독립당	조선혁명당

한국독립당

좌파 진영인 조선민족전선연맹은 심각한 분화의 과정을 밟는다.

조선의용대와 광복군 창설

민혁당은 관내 조선 청년들에게 항일운동 참가를 호소했고,

조선의 청년들이여! 항일의 전선으로!

80여 명이 난징의 민혁당 본부로 집결했다.

이들은 중국 중앙군관학교 특별훈련반에 입교해 훈련을 받았고,

이들을 기반으로 민혁당은 의용군의 창설을 중국 측에 타진했다.

흠…

중국 측은 몇 가지 조건을 제시했다.

우선, 의용군이 아니라 의용대로 칭할 것. 군이라 이름하기엔 규모가 너무 작지 않소?

둘째, 중국과 한국 공동의 지도위원회를 조직할 것, 셋째 …, 넷째 …,

국민당 측 조건을 수용해 1938년 10월 10일 조선의용대가 창립되었다.

조 선 의 용 대

2개의 구대(지대)로 구성되었고 대장은 나 김원봉이 1구대장은 박효삼이 2구대장은 이익성이 각각 맡았다오.

지도부인 지도위원회는 중국인 5인, 조선인 4인으로 구성되었다.

하지만 상당한 자주성을 확보했지요.

지도위원회는 중국군사위원회 정치부 아래 위치하는 만큼 우리의 지휘 아래 있었지.

조선인 지도위원들

김원봉   김학무   김성숙   유자명

의용대원은 120~200명으로 추정되는데 대부분 군관학교 출신.

민혁당을 탈당해 조선전시복무단을 조직했던 최창익 세력도 창설에 함께했다.

집 나가보니 고생이더군. 재정이 부족해서...

국민당 정부는 조선의용대가 선전 공작에 주력하길 바랐다.

중국어, 한국어, 일본어까지 구사할 줄 아니 그 능력을 제대로 써먹어야지.

일본군을 상대로 한 선전과 선동,

평화를 사랑하는 일본의 노동자, 농민의 자식들이여! 당신들은 제국주의자들의 요설에 속아

일본군 포로를 상대로 한 설득과 선전,

침략전쟁의 총알받이가 되고 말았다. 이제라도

조선인 포로와 조선인을 상대로 한 항일투쟁 참여 독려,

중국 군민과의 유대 강화 활동 등이 주된 업무였다. 중국 문화인들의 도움을 얻어 항일 공연을 하거나 판화를 제작하는 일 등을 하게 된다.

《조선의용대통신》에 실린 판화

제1구대는 후난성 전구로,

충칭 ● 후베이성 우한
난징
상하이
후난성 창사

제2구대는 후베이성 전구로 이동했다. 최창익은 제2구대였다.

최창익은 다시 동북행을 주장하는 편지를 지도부에 보냈다.

지도부는 거부했을 뿐만 아니라 동북행 노선을 접어버린다.

일단 보류…

이에 최창익은 만주 진출 노선을 따르는 30여 명을 규합해 1939년 가을, 북상을 택한다.

제1차 북상

당장 동북으로의 진출이 어렵다면 우선 중국의 항일전에 참여해 우리의 위신을 높이고 동북 진출을 도모한다.

이 일은 김원봉에게 상당한 타격이 되었다.

카리스마가 예전같지 않네.

세력도 많이 줄고…

반면 통합 한국독립당의 결성으로 입지가 더욱 탄탄해진 김구는 무장 조직 창설을 구상한다.

…

창설 계획서와 원조 요청을
중국 측에 전했다.

중국의 항전에
참전한다면 승인하고
지원하겠다.

마침내 1940년 9월 충칭의 가릉빈관에서 임정, 한독당, 임시의정원, 중국군 사령관, 외교관,
신문기자 등 200명이 참가한 가운데 한국광복군 사령부 성립 전례식을 갖는다.
총사령 지청천, 참모장 이범석, 제1지대장 이준식, 제2지대장 공진원, 제5지대장 나월환.

한국광복군

먼저 지휘부를 만들고
이후 병력을 모집해
군대로서의 진용을
갖춰갈 것입니다.

1년 안에
3개 사단 창설을
목표로 분투하겠습니다.

지휘부는 있지만
대원은 아직 없다시피…

김구는 이제 한국독립당 중앙집행위원장,
임시정부 주석,
광복군 통수권자가
되었다.

광복군 총사령
지청천

광복군 참모장
이범석

1940년 9월 17일 한국광복군 성립 전례식을 마치고

블라디보스토크

알마티
우슈토베

고려극장

1932년 연해주에서 최초로 창단된 고려극장은
1937년 고려인의 강제 이주 당시 카자흐스탄
크질오르다로 옮겨졌다. 이때 함께 이주한
홍범도 장군이 고려극장 수위로 일하다가 자신의
일대기를 그린 연극 〈홍범도〉를 지켜보기도 했다.
이후 수도 알마티로 이전됐다. 2019년 4월 당시
문재인 대통령은 고려극장을 방문해 강제 이주 관련
단막극을 관람했다.

우슈토베

고려인들이 연해주에서 시베리아
횡단철도를 타고 30~40일에 걸쳐 도착,
정착한 카자흐 공화국 도시다.
고려인들은 여기서 북쪽으로 2킬로미터
떨어진 곳의 바슈토베(큰 산이라는 뜻)에서
갈대를 꺾어 불을 지피고, 토굴에
임시거처를 마련하면서 최초로 마을을
이루기 시작했다.

우리는		일장기말소사건		고려인, 중앙아시아로 강제 이주
세계는	1936	시안사건, 스페인내란	1937	중일전쟁 발발

제5장

중앙아시아 강제 이주

소련은 스탈린 집권 이후 억압 체제를 구축하면서 대규모 숙청을 단행한다.
연해주 지방 병력을 130만으로 늘려 일본의 침략에 대비하는 한편,
고려인이 일본의 앞잡이가 될 수 있다는 의심을 지우지 않는다.
1937년 소련은 원동 지방에 일본 첩자가 침투하는 것을 차단한다는 명분을 세워
연해주의 한인 17만 명을 중앙아시아로 강제 이주시킨다.
동포들은 지원도 거의 없고 차별이 이어지는 상황에서
맨주먹으로 황무지를 개척해야 한다.

이동휘 기념비

이동휘 선생은 신민회 간부로서
이동녕, 안창호 등과 함께 항일운동에 적극 참여했다.
노령에서 한인사회당을 조직하고,
상하이 대한민국임시정부의 초대 국무총리를 역임했으며,
일본의 박해를 피해 블라디보스토크로 가서
소련 정부와 협력하며 항일 독립운동을 전개했다.
한·러 수교 30년을 기념해 기념비가 세워졌다.

긴장하는 고려인

소련에서 원동 지방으로 불리는 연해주 일대의 고려인 인구는 1926년 당시 16만. 이 중 블라디보스토크에 13만이 넘게 살았다.

이때 소련 정부는 다음과 같은 정책을 세웠다.

1. 고려인은 더 이상 하바롭스크 이남의 구역에 정착시키지 않는다.
2. 이 지역의 토지 없는 고려인은 48도 이북의 하바롭스크 구역과 블라고베셴스크 구역으로 이주시킨다.
3. 고려인이 경작하는 토지를 정리하기 위해 3년 기한을 둔다.
4. 고려인이 떠난 땅은 중앙러시아 이민들로 채운다.

고려인의 강력한 저항으로 3,000명 정도 이주하고 끝났지만

고려인에 대한 소련 정부의 불신을 드러낸 일이었다.

일제의 앞잡이, 밀정들이 저들 가운데 얼마나 될지 …

1929년 연해주 당대회의 결정에 따라

고려인 공산주의자들에 대한 숙청사업이 시작되었다.

한명세, 최고려, 김하석, 남만춘 등 이르쿠츠크파와 국민의회 계열의 고려인 공산당 간부 대부분이 추방되거나 출당되었다.

국민의회 의장이었던 문창범은

토호로 몰려 우크라이나 감옥에서 죽었다.

고려인에 대한 당국의 의심은 여전했지만

고려인은 이제 모두 귀화해 소련 정부와 당, 스탈린에게 충성했다.

그도 그럴 것이 1930년대 초반 연해주의 '고려인'은 전 세계 어느 지역의 우리 동포들보다 질 높은 생활을 영위했다. 농사일은 상당히 기계화되었고,

우리 집단농장 트랙터라우.

고려인을 위한 교육 시설도 훌륭했다.

초등학교가 287개,

초급중학교 53, 중등학교도 4곳,

재학생 수가 2~5만 명

대중 도서관이 200개,

고려인 교원 양성을 위한 사범학교가 있었다.

1934년에 제1회 졸업생 177명을 배출한 이래 고려인 인텔리겐챠의 요람으로 자리잡았죠.

물론 우리 학교에 만족하지 못한 수백 명의 청년들은 하바로프스크, 모스크바 레닌그라드 등으로 유학하기도 했지만.

고려어로 행정 업무가 처리되었고

민원

〈선봉〉 등 고려인 신문 7개, 잡지 8개가 발간되었다.

고려어 라디오방송, 고려인 극장이 있었다.

○○극장

이때 스탈린의 소련은 극도의 긴장 속에 억압 체제를 구축해갔다.

자칫하면 서쪽의 독일, 동쪽의 일본이 협공해올지도 몰라.

내부의 스파이들, 반혁명 세력들을 일소하고 전쟁에 대비해 사회주의 조국을 지켜내야!

반혁명 세력 일소!

한편으로 스탈린 우상화가 추진되면서

스탈린 동지 만세—

다른 한편으론 본격적인 숙청이 시작되었다.

볼셰비키의 지도자이며 스탈린의 옛 경쟁자였던 지노비에프, 카메네프가 처형된 것을 시작으로

사격준비

러시아혁명과 혁명 후 건설을 위해 애썼던 많은 혁명가, 당원 들이 사라졌다. 1935년 제17차 당대회에 참가했던 1,961명 가운데

1,108명이 총살되거나

강제수용소에서 죽음을 맞았다.

1936~1939년 숙청으로
소련 전역에서 400만~500만 명이
체포되고 이 중 10퍼센트가
총살된 것으로 추정된다.

스탈린의 정적 트로츠키는

1940년 멕시코에서
비밀경찰이 보낸 암살자에게
살해되었다.

이제 스탈린은
누구도 넘볼 수 없는
공고한 권력을
구축했다.

일본의 공격 가능성에 대비해 스탈린은 동쪽 국경의
병력을 60만에서 130만으로 증원했다.

일본에 대한 경계심이 높아질수록
스탈린과 소련공산당의 고려인에 대한
경계심도 커져갔다.

저들 중 얼마나 많은
밀정이 숨어 있을지
......

만주국

연해주

밀정 혐의로 체포되는 조선인들이 늘어갔다.

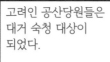

고려인 공산당원들은 대거 숙청 대상이 되었다.

1936년 1월 포시에트 당 제1서기 김아파나시가 일제의 스파이 혐의로 체포되었다.

이어 김미하일,

장도정도 체포되었다. 모두 상하이파.

엠엘파인 이종림, 김알렉세이 등도 하바롭스크의 감옥에 갇혔다.

한편 1935년 1월 이동휘가 죽었다.

가장 먼저 사회주의를 독립의 무기로 생각해 한인사회당을 조직했고,

임정의 국무총리를 맡아 문창범이 이끄는 국민의회와 대립했다.

또한 그는 상하이파의 영수로 이르쿠츠크파와 날카롭게 대립했다.

1927년부터는 국제혁명자후원회에 참여해서 탄압받는 공산주의자들을 돕는 일을 했소이다.

본격적인 숙청이 시작되기 전 세상을 뜬 것이 다행이라고 해야 할까?

여러 상하이파 인사들이 장례식에 참석했는데

이조차도 나중에 숙청의 이유가 되었다.

종파의 수령 장례식에 참석했다는 건 바로 네 놈이 종파주의자라는 확실한 증거지.

한때 러시아 고려인들의 리더로 교민들로부터 존경받고 소련 당국으로부터 인정받았던 이들이 하나둘 체포되고 처형되면서

고려인 사회엔 먹구름이 드리워졌다.

고려인 2,500명이 체포되었대.

잘난 이들은 죄다 잡혀갔네.

처형된 이들도 숱하게 많고… 대체 무슨 일이래.

우리 고려인들에게 장차 뭔 일이 생기려고…

악몽의 시베리아 횡단철도

1937년 3월 스탈린이 말했다.

소련이 자본주의 적들에게 포위돼 있고, 소련 내에도 외국의 스파이들이 가득하다!

이어 소련공산당 기관지 《프라우다》는 이런 기사를 실었다.

ПРАВДА

소비에트 원동에서의 외국 스파이 행위.

그리고 원동의 고려인은 강제로 이주하라는 명령이 내려졌다.

결의안 NO. 1428-326cc
소비에트사회주의연방공화국 인민위원회와 전소련공산당 중앙위원회 결의안

1937. 8.

원동 지방 국경 부근 구역에서 고려인 거주민을 이주시키는 문제에 관하여

… 원동 지방에 일본 첩자들이 침투하는 것을 차단하기 위한 목적으로 다음과 같은 조치들을 취한다.
1. 전소연방공산당 원동 지역 지방집행위원회, 원동 지역 내무인민위원부는 원동 지방 국경 부근 구역들,
   즉 포시에트, 몰로토프, …에서 모든 고려인 주민을 내보낸 후 남카자흐스탄주, 아랄해 구역, 발하슈호 구역과
   우즈베키스탄 소비에트사회주의공화국으로 이주시킬 것을 지시한다.
2. 이 작업은 즉시 착수하여 1938년 1월 1일까지 완료한다.
3. 이주 시 이주 대상 고려인들은 자기 소유물, 농기구, 가축 등을 가지고 갈 수 있도록 허용한다.
4. 이주민들이 두고 가는 동산, 부동산 및 파종지의 미수확물에 대한 가격을 산정하여 그들에게 보상한다.
5. 이주 대상 고려인들이 출국을 원하는 경우 국외로 떠날 수 있게 하고 간소한 국경 통과 절차를 적용하여
   출국을 방해하지 않는다.
6. 고려인들 사이에 발생할 폭력과 무질서를 제압할 조치를 강구한다.
7. 카자흐 공화국과 우즈베크 공화국 내각들은 이주민들의 거주 지역을 즉시 선정하고
   안정된 생활을 할 수 있도록 필요한 협조와 지도를 한다.
8. 교통인민위원부는 적시에 차량을 공급한다.
9. 3일 내 이주 대상 가구와 인원수를 산출해 통지한다.
10. 이주 진행 상황을 10일 단위로 보고한다.
11. 이주시키는 구역들에 대한 국경 수비 강화를 위해 국경수비병 3,000명을 증원한다.
12. 고려인이 떠난 건물에 국경수비대원들의 배치를 허가한다.

인민위원회 의장 몰로토프, 당 중앙위 서기장 스탈린

이전에도 폴란드인 3만 5,000명, 독일인 1만 명, 이란인 6,000명 등이 강제 이주된 적이 있지만

이번처럼 대규모의 강제 이주는 처음이다.

원동의 고려인이 거의 20만인데 모두 이주시키라고?

어마어마한 사업인데… 잘될까?

당과 스탈린 동지의 결정인데 무조건 해 내야지.

고려인에 대한 강제 이주 조치는 군사작전처럼 행해졌다.

허용된 시간이 4개월 못 돼.

그 시간 안에 임무를 완수하려면 서둘러야!

각 단위로 명령서가 전해지고

… 이상이오, 토론은 허용되지 않으니 지체없이 집행에 들어가도록 하오.

실제 개인들이 명령서를 전달받은 것은 길어야 일주일 전,

당신 만이 아니라 모든 고려인은 이주 조치될 것이니 1개월 여행에 필요한 식량, 옷가지, 이불, 취사도구 등을 준비하시오.

어떤 집은 2~3일 전에야 통보받았다.

아니, 무슨 독서실 옮기는 것도 아닌데…

화가 나서
파괴를 선동한 이들은

소비에트 정권이 우릴 개처럼 취급하고 있소. 우리가 애써 가꿔놓은 우리의 터전을 이제 러시아 놈들이 차지할 것이오. 그런 꼴을 볼 바엔 차라리 다 때려부숴 버립시다.

지체 없이 체포되어 끌려갔다.

사람들은 현실을 받아들였다. 허용된 짐을 꾸리고

살려면 어쩔 수 없잖수.

곡식을 챙기고, 기르던 닭과 오리 들을 잡아 소금에 절였다.

어차피 가져갈 수 있는 짐의 무게가 정해져 있어서 건축이나 대형 가축, 농기구 등은 국가에 양도되었다.

1937년 9월 9일
첫 열차가 출발했다.

덜컹

덜컹

덜컹

50량으로 구성된 기차의 객차엔 경찰, 호송 요원, 기자, 교수 등 인텔리들이 타고
나머지는 화물차나 가축 운반차에 탑승했다.

한 칸에 2~4가구,
가운데에 난로를 두어
돌아가며 취사를 했다.

각 가구의 짐, 식량, 장작 등이
열차 안에 가득했고 창이 없어서
문을 닫으면 깜깜했다.

엄마!
어딨어?

아가,
여기야
여기.

이렇듯 열악한 환경 아래 3~4주가 걸리는 이동은
그 자체로 참혹한 고난이었다.

응애

아이고오

도중에 한적한 곳에 정차하면 저마다 대소변을 해결하느라 난리였다.

새 생명이 태어나기도 했고

생명이 다하기도 했다. 성묘를 기약할 수 없는 낯선 벌판에서 장례를 치렀다.

도착한 곳은 카자흐스탄의 키 큰 갈대만이 넘실대는 곳이었다.

1937년 말까지 17만 1,781명의 이주가 끝났다.

기간 내에 명령을 집행했습니다. 카자흐공화국에 9만 5천 명, 우즈벡공화국에 77만 7천 명이 이주 조치 되었습니다.

러일전쟁 후 일제는 정탐 활동에 고려인을 이용해 러시아의 안보 불안과 고려인에 대한 불신을 키웠다.

정보도 얻고 러시아와 조선 사이의 불신도 키우고 ㅎㅎ

그러나 많은 고려인들은 러일전쟁 시에도 러시아 편에 서서 싸웠고

이후엔 일본으로부터 나라를 되찾기 위한 항일투쟁에 나섰다.

러시아혁명 과정에선 또 많은 고려인들이 혁명에 뛰어들었고 반혁명과의 싸움, 일본 간섭군과의 싸움에 목숨을 바쳤다.

볼셰비키 혁명을 지키자!

어느 민족보다도 반일 의식이 높고 일제와의 싸움에 용감히 나섰건만

항일 빨치산 부대만도 여럿!

소련과 스탈린은 부정적인 면만을 보았다.

열 명의 협력자가 죽는 플러스보다 한 명의 스파이가 끼치는 마이너스가 더 크기 쉬운 법.

특히 고려인은 일본인과 구분이 쉽지 않아서 더 위험해.

소련

몽골

만주국

조선

그런즉 호전적인 일본제국주의로부터 사회주의 조국을 지키기 위한 불가피한 결정으로 이해해 줘.

대를 위한 소의 희생이지.

게다가 보다시피 만주국이 일본의 전쟁기지가 되면서 우리가 지켜야할 국경선이 크게 늘어났어.

바보같은 소리, 일본이 제일 좋아할 결정일 걸.

공산주의, 국제주의 어디 갔어?

그렇게 러시아혁명과 소련의 건설 과정에 보인 헌신을 부정당하고 이역만리에 내동댕이쳐진 고려인들.

주의사항을 전달하겠다.

이곳 이주지에서 다른 곳으로 옮기는 것을 금한다, 어기면 이적행위자로 처벌받게 될 것이다.

그나마 마을에 하차한 사람들은 현지인들의 양해하에 헛간이나 마구간을 빌려 겨울바람을 피했다.

광야에 버려진 사람들은 토굴을 파서 임시거처를 만들었다.

어린이, 노인 들을 비롯해 적지 않은 이들이 풍토병으로 죽었다.

그러나 그렇게 내동댕이쳐졌음에도 고려인들은 점차 마을을 이루고,

쓸모없던 땅을 벼농장으로 바꿔냈다.

와!

갈대만 무성했던 곳인데!

여전히 타 지역으로 이주가 허락되지 않았을 뿐 아니라

이야말로 유배 생활, 암만해도 생전에 고향땅을 밟아보긴 어려울 듯.

고향 땅은 고사하고 연해주 땅이나 다시 볼 수 있을런지

여러 불이익을 받았다.

국가기관 취업 제한,

정치진출 불허!

모스크바 등 대도시 유학도 안 돼!

공대나 항공기 계통의 대학도 입학할 수 없다.

되는 데는 어디예요?

음... 사범대학과 농과대 정도는 허락해 주지.

고려어 교습이 금지되고 도서관의 고려어 서적들은 소각되었다.

이제 고려인이 아니라 소련인으로 살아라 이거구나?

고려인 청년들은 징병에서도 제외되었다.

아니네! 소련인으로도 인정하지 않는다는 거잖아.

독일군의 소련 침공으로 소련이 위기에 빠지자 고려인 청년들 수천 명이 전선으로 보내달라고 당국에 청원하고

청원서

우리에게도 징병통지서를

우리도 조국을 위해 싸우고 싶습니다!

성과 국적을 바꿔 입대하는 이들도 있었다.

원 국적은?

몽골입니다!

징병 대상은 되지 않았지만 노동군으로 동원되어 군수품 생산, 방어 시설 건설 등에 헌신했다.

노동군으로 동원된 이가 1만4천 명, 이 중에서 수천 명이 목숨을 잃었을 정도로 강도높은 노동을 담당했지.

마을에선 이불, 목도리, 장갑 등을 만들어 전선에 보냈고,

조국승리! ○○고려인농장계획...

굶다시피 하며 식량을 바쳤다.

침략자 타도!

고려인 ○○○ 위원회

그렇게 고려인들은 살아남았다.

우리들 고려인의 힘으로 카자흐스탄, 우즈베키스탄은 세계적인 벼농사, 면화 생산지가 되었다네.

1953년 스탈린이 죽고 나서

1956년 흐루쇼프는 스탈린의 개인 숭배와 소수민족 탄압 정책을 비판했다.

이어 고려인에 가해졌던 부당한 규제들이 철회되었다.

거주제한 해제!

정치참여 허용!

와

1989년 소련공산당 중앙위는 고려인을 비롯한 소수민족 탄압의 죄과를 인정하고 권리 회복을 선언했다.

1993년 러시아연방 최고회의는 '러시아 고려인의 명예 회복에 관한 법'을 제정해 강제 이주와 이후의 탄압이 불법적, 범죄적이었음을 인정했다.

주르룩 …

스파이란 이름으로

1935~1937년
2,500명의 고려인이
반혁명 혐의로 체포되고

20년 가까이
혁명을 위해
살아왔는데…

대부분이 처형되었다.

1936년 1월 김아파나시 등
옛 상하이파 인물들이
이동휘 장례식 참석을 이유로 체포된 뒤
반혁명 혐의로 조사를 받았다.

결국 과거의 상하이파 활동 혐의로 사형에 처해지거나,

상해파 반혁명 그룹으로서
조선혁명의 지도권과
고려공산당 결성의
주도권 장악을 위해
반대파와 투쟁하면서
반당투쟁을 그만두라는
코민테른의 지시를 무시해
혁명발전을 저해한 죄!

탕…

수감 혹은 유배되었다.

카자흐스탄에 유배되었던 김아파나시는 1937년 10월 다시 체포되었다. 하바롭스크로 끌려와 혹독한 취조를 받고

비밀재판에서 사형 언도를 받아

일본 정보기관에 채용되어 반혁명 밀정 활동을 해왔고 연해주를 분리해 소련에서 떼어내기 위해 ```

재판 당일 사형에 처해졌다.

탕

한국명 김성우. 러시아에서 태어나 학교를 다녔고 1920년 러시아공산당에 입당했다.

이르쿠츠크파 고려공산당 창립대회에 반대했다가 시베리아로 유배된 바 있다.

상하이파의 핵심 성원으로 이동휘가 레닌을 만날 때 통역을 담당했다.

이후 러시아공산당 연해주위원회 고려부장, 블라디보스토크 문화선전부장 등을 역임했고 콜호스사업 공로로 레닌 훈장도 받았다.

짝 짝 짝 짝

포시에트 당 제1비서로 1934년 제7차 소련공산당 당대회에 참가해 명연설로 주목을 받았던 대표적인 고려인 명사였다.

그와 함께 체포된 장도정, 김진 등은 한인사회당 창당 멤버로 상하이파의 주역들.

역시 상하이파 핵심 성원으로, 초기 코민테른 제2차 대회에서 집행위원으로 선출되기도 했던 박진순도 이때 희생되었다.

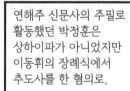

연해주 신문사의 주필로 활동했던 박정훈은 상하이파가 아니었지만 이동휘의 장례식에서 추도사를 한 혐의로,

아! 선생이시여!

조선사범대학교의 박모이세이는 사범학교 전체 학생들을 장례식에 동원한 것이 문제가 되어 출당, 처형되었다.

한명세는 이르쿠츠크파의 핵심으로 코민테른 파견 대표, 코민테른 동양부 꼬르뷰로 위원으로 활동했다.

1929년 당에서 제명되자

제명!

자기비판서를 발표해 복당되었지만,

당은 진실하게 과오를 고치는 이는 품어안지.

자기비판서
한명세

다시 제명되고 결국 처형되었다.

역시 반혁명의 피는 못 버렸군. 사형!

김만겸도 이때 처형되었다.

보이친스키와 함께 상하이로 파견되어 이동휘와 한인공산당을 결성했으나, 레닌 자금 문제로 이동휘와 틀어진 뒤 이르쿠츠크파로 활동해온 그다.

연해주 출신으로 자유대대를 조직해 반혁명과 싸우고

자유시사변 당시 이르쿠츠크파로 고려군정의회 간부를 맡았던 오하묵도 처형되었다.

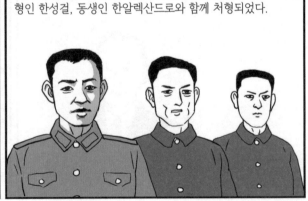

역시 빨치산을 조직해 반혁명과 싸웠던 한창걸도 형인 한성걸, 동생인 한알렉산드로와 함께 처형되었다.

역시 유사한 길을 걸었고
고려군정위원장을 맡았던
최고려는

처형을 면했다.

9년간 옥살이

충북 진천 출신의 작가
조명희는 1928년 소련으로
망명했다.

동포 신문 〈선봉〉의 편집을 맡으며
사회주의 리얼리즘을 도입한
고려 문학의 개척자.

1938년 체포되어 재판도 없이
처형되었다.

1930년대 초까지
공산당 재건을 위해
분투했던 김단야는

1934년부터는 모스크바
동방노력자공산대학에서
조선민족부 책임자로 일해왔다.

1937년 11월 밀정 혐의로 체포되었고
이듬해 처형되었다.

일본제국주의의
간첩!

남편과 함께 체포된 주세죽은 유배형에 처해졌다.

해방 후 모스크바나 조국으로의 귀환을 청했으나 받아들여지지 않았다.

NO!

1953년 딸을 보러 모스크바로 갔다가 보지도 못한 채 병으로 죽었다.

2007년 건국훈장이 추서됨

일본 육사를 나오고 지청천과 함께 망명해 신흥무관학교에서 교관으로 일했고,

연해주로 건너가서 러시아 적군과 연합해 백위군에 맞서 싸웠던 김경천.

이후 블라디보스토크의 극동고려사범대학에서 군사학, 일본학을 가르쳤다.

1936년 간첩죄로 체포되어 3년 형을 살고

카자흐스탄으로 들어와 노동을 하며 살아가던 중
누군가의 밀고로 다시 체포되어

김경천
맞지?

8년 형을 선고받았고, 복역 중
수용소에서 세상을 떴다.

중앙아시아로 이주해 상대적으로 큰 탈 없이 생을 마친 이는
홍범도와 계봉우를 들 수 있다.

봉오동, 청산리 전투의 주역인
홍범도는

자유시사변 때는
중립을 지키다가 결국
소련(이르쿠츠크파) 편에
섰다.

현실적으로
판단해서
…

이후 소련 땅에 남았지만 나이도 있고 해서인지
투쟁의 현장에서 한발 비켜 지냈다.
고려인 사회의 지도자로, 어른으로 자기 몫을 묵묵히 해냈다.

카자흐스탄에 이주한 뒤엔
극장 측의 배려로 수위장을 맡아 일했다.

고려극장

내 투쟁기를 그린
연극 〈홍범도〉가
이 곳에서
상영되기도 했다네.

1943년 75세를 일기로 세상을 떴다.

영흥 출신의 계봉우는 병합 직후
북간도로 망명해 북간도와
연해주 일대에서 독립운동에
헌신했다.

이동휘의 한인사회당에 입당해
간부로 활동했고,

이르쿠츠크파와의
갈등으로 소련 감옥에
투옥되기도 했다.

독립운동가, 혁명가이기 이전에 그는
민족주의와 사회주의에 기반을 둔
사학자였고 한글학자이기도 해서
진작부터 많은 저작물을 남겼다.

〈신한독립사〉(1911)
〈조선역사〉(1912)
〈안중근전〉(1914)
〈북간도 그 과거와 현재〉(1920)
〈아령실기〉(1920)
〈김알렉산드리아 소전〉(1920)
〈과거 고려의 평민 문학〉(1930)
〈동학당 폭동〉(1932)

카자흐스탄 이주 후에도 1959년 세상을 뜰 때까지 떠나온 조국에 대한 애정을 잃지 않고
역사 연구에 전념했으며 고려인들의 삶과 활동에 대한 많은 저술을 남겼다.

《해방 3주년》(1948)
《조선문학사》(1950)
《조선문법》(1952)
《조선역사》(1952)

그의 시신은 홍범도가 묻힌
카자흐스탄의 크질오르다 공동묘지에
묻혔다가

2019년 부인, 황운정 지사 내외와 함께 조국으로
돌아왔다.

부록

· 일러두기 ·

인명사전에 친일 반민족 행위자로 표기된 인물은

민족문제연구소에서 발행한 《친일인명사전》에 등재된 인물로,

인물 아래에 별도로 親日 표시를 해두었습니다.

1936년

우리는	세계는

우리는

1월 17일 평남도지사, 조만식 등 20명을 소집해
신사참배가 국가 의식임을 역설함

20일 백석, 시집 《사슴》을 출간함

25일 총독부, 학무국에 사상계를 설치하고
사상 취체관을 배치함

2월 3일 간도 룽징 동흥중학교, 일본영사관의 산발 금지,
남녀 공학제 폐지, 일어 사용 강요에 동맹휴학에
돌입함

6일 나운규의 〈아리랑〉, 단성사에서 개봉됨

21일 신채호, 뤼순 감옥에서 옥사함
간도공산당사건 관련자 이동선 등 26명,
경성복심법원에서 사형~징역 5년을 언도받음

3월 동북인민혁명군, 동북항일연군으로 개칭됨

1일 여수-광주 간 철도 영업이 개시됨

6일 조선일보사, 월간 《여성》을 창간함

26일 안익태, 미국 필라델피아에서 애국가를 작곡,
발행함

4월 1일 조선어학회, 사전 편찬 위원을 선임하고
《조선어사전》 편찬사업을 시작함

5월 김유정 〈동백꽃〉, 김동리 〈무녀도〉가 발표됨

1일 택시 미터제가 실시됨

5일 오성륜, 엄수명, 이상준 등,
재만한인조국광복회를 조직함

23일 상하이에서 검거된 맹혈단원 한도원 등 4명,
인천으로 호송됨

6월 8일 경성역 조일택시 운전사 50명, 동맹파업을 결의함

세계는

1월 15일 스페인, 인민전선을 구성함
일본, 런던군축회의 정식 탈퇴를 통보함

28일 선만척식회사 설립에 대한 구체안이
결정됨(한국인 만주 이주 15년 계획
등이 마련됨)

2월 중국공산당, 반민생단투쟁을 정지함

15일 중국국민당 3중전회가 열림
(국공합작에 동조함)

16일 스페인 총선거에서 인민전선이 승리함

17일 중국공산당 홍군, 동정항일을 선언함

26일 일본 황도파 청년장교, 쿠데타를 일으킴
(2·26사건)

3월 7일 독일, 라인란트에 진주함
(로카르노조약을 파기함)

12일 울란바토르에서 소·몽 상호원조의정서
가 성립됨

23일 북만철도양도협정성립에 조인함

24일 일본 내무성, 메이데이를 금지시킴

25일 장령자에서 일소 양군, 충돌함

4월 2일 이라크, 사우디아라비아 우호조약에
조인함

5월 5일 홍군, 국민당 정부에 항일투쟁을 위한
연대를 요구함

6일 일본, 화북방공협정에 조인함

9일 이탈리아, 에티오피아 병합을 선언함

18일 일본, 군부대신 현역 무관제를 부활시킴

28일 일본, 미곡자치관리법 및 중요산업
통제법을 개정함

31일 중국에서 지식인과 학생 중심의 전국
각계 구국연합회가 성립됨

6월 4일 프랑스에서 총선거 결과 인민전선
내각이 수립됨

7월 10일 인천에 소년형무소가 설치됨

　　13일 총독부, 각도에 외사과를 신설하고 외사경찰제
　　　를 실시함

　　16일 박차정, 이성실 등, 남경조선부인회를 창립함

　　28일 조선민족혁명당 중앙집행위에서 김원봉과
　　　이청천, 대립함

8월 5일 미나미 지로, 조선 총독에 취임함(8월 26일 부임)

　　8일 조선불온문서임시취체령이 공포됨

　　9일 손기정, 베를린올림픽 마라톤에서 우승함

　　14일 일본의 국유재산법이 한국에 적용됨

　　25일 〈동아일보〉, 손기정 가슴에서 일장기를 지움

　　29일 〈동아일보〉, 무기 정간됨

9월 9일 총독부, 선만척식주식회사 창립을 결정함

　　16일 소설가 심훈, 사망함

10월　　이효석, 〈메밀꽃 필 무렵〉을 발표함

11월　　서정주, 김동리 등, 《시인부락》을 창간함

　　1일 호남선 서대전역이 신설됨

　　7일 평양 여성 50여 명, 소형차 2대를 구입, 드라이브
　　　구락부를 조직함

12월 1일 경성-부산 간 초특급 열차인 아카츠키 운행이
　　　개시됨

　　12일 조선사상범보호관찰령이 공포됨

　　21일 경성, 평양, 청진, 신의주, 대구, 광주에
　　　조선총독부 보호관찰소가 설치됨

　　25일 공산당재건운동과 관련해서 이재유, 체포됨
　　　(7년 형 복역 중 1944년 옥사함)

* 이 해에 조국광복회가 결성됨

7월 4일 국제연맹 이사회, 대이탈리아 제재
　　　정지를 결정함

　　17일 프랑코 장군의 군사 쿠데타로 인한
　　　스페인내란이 시작됨(~1939년)

8월 1일 독일올림픽, 개막됨

　　4일 그리스 메타사스 독재 정권이 수립됨

　　15일 영국 및 프랑스, 스페인내란 불간섭을
　　　선언함

　　26일 이집트, 영국과 동맹조약 체결로
　　　주권을 획득함

9월 8일 뉘른베르크에서 나치당대회가 개최됨
　　　(재군비 4개년 계획이 발표됨)

10월 1일 스페인 프랑코, 파시스트 반란군의
　　　정부 주석 및 최고사령관이 됨

　　25일 이탈리아 외상, 베를린을 방문함
　　　(로마·베를린 추축을 결성함)

11월 3일 루스벨트, 미국 대통령에 재선됨

　　18일 독일과 이탈리아, 스페인 프랑코
　　　정권을 승인함

　　23일 중국, 국민 정부 구국연합회 영수들을
　　　체포함

　　25일 일본과 독일, 방공협정에 조인함

12월 2일 일본·이탈리아협정이 체결됨

　　5일 제8회 임시 소연방 소비에트대회에서
　　　스탈린헌법이 채택됨

　　12일 시안사건(장쉐량이 시안에서 장제스를
　　　감금한 사건)이 일어남

　　24일 중국공산당 저우언라이, 시안에서
　　　장제스와 협상함

1월　　《삼천리》 1월 호에 '서울에 딴스홀을 허하라'가
　　　실림

　　13일 민족대표 33인 중 유여대 목사, 사망함

　　28일 부산 조선방직 직공 3,000여 명,
　　　임금 인상을 요구함

　　31일 화베이 거주 조선인들,
　　　한족항일동지회를 발족함

1월 23일 일본 히로타 고키 내각이 와해됨

　　24일 유고슬라비아와 불가리아,
　　　영세우호조약에 조인함

　　27일 하워드 휴스, 미국 횡단비행에 성공함

2월　백백교 간부, 신자 살해로 검거됨(백백교사건)

27일　경성조선물산장려회, 총독부 명령으로 해산함

3월　민족혁명당, 전당비상대회를 열어 김원봉 등을
　　　제적하고 한국민족혁명당으로 개칭함. 김원봉은
　　　조선민족혁명당을 조직함

1일　최현배,《우리말본》을 간행함

10일　총독부 강요로 제1차 간도 이민단
　　　1만 1,900여 명, 출발함

14일　춘천고보생, 항일투쟁을 위한 비밀결사
　　　상록회를 조직함
　　　민족대표 33인 중 최성모 목사, 사망함

18일　총독부, 모든 직장에서의 일본어 사용을
　　　각 관청에 지시함

4월　조선민족혁명당 김원봉, 지청천과 최동오 등을
　　　제명함
　　　지청천 등, 조선혁명당을 결성함

1일　학교신체검사규정(부령 제45호), 제정 및 시행됨

13일　전 만주 독립군 지도자 김동삼, 경성 감옥에서
　　　옥사함

5월 22일　만주 펑톈조선인청년회, 조선어학회의
　　　《조선어사전》 편찬사업 지원을 결의함

6월　4일　동북항일연군, 보천보를 습격함(보천보전투)

6일　수양동우회사건이 발생함

30일　동북항일연군 제2군, 간삼봉에서 일본군에
　　　승리함

7월 10일　중국 정부, 김구, 김원봉, 유자명 등을 라오산에
　　　초청해 한중 합작을 논의함

13일　헬렌 켈러, 내한함

15일　임정, 군사위원회를 발족하고 유동열, 지청천,
　　　이복원, 현익철, 안공근, 김학규 6명을
　　　위원으로 선임함

27일　총독부, 각 도에 전시체제령을 통첩함

8월　9일　영화배우 나운규, 사망함

10일　안창호 등 148명, 수양동우회 조직 혐의로
　　　체포됨

17일　중일전쟁 발발이 계기가 되어 한국독립당,
　　　조선혁명당, 한국국민당을 중심으로 미주의 여러
　　　단체가 연합, 한국광복운동단체연합회를 조직함

2월　2일　일본, 하야시 센주로 내각이 성립됨

5일　일본흥업은행, 군수공업에 적극 융자
　　　방침을 명시함

10일　중국공산당, 국민당에 국공합작을
　　　제의함

15일　중국국민 3중전회가 개최됨
　　　(~22일, 국공합작에 동조함)

3월 16일　무솔리니, 리비아를 방문해 이슬람교도
　　　보호를 선언함(영국과 프랑스의 아랍
　　　지배에 대한 대항)

31일　일본, 군부의 압력으로 의회가 해산됨

4월　1일　인도 신헌법이 실시되어 인도로부터
　　　버마가 분리됨

26일　독일 공군, 스페인 게르니카시를 폭격함

5월　　이집트, 국제연맹에 가입함

7월　7일　중일전쟁의 발단인 루거우차오사건이
　　　발발함

17일　장제스, 루산에서 저우언라이와 회담을
　　　가짐. 대일 항전 준비의 담화를 발표함

19일　화베이의 일본군, 독자 행동 성명을
　　　발표함

28일　일본, 베이징을 점령함

8월　9일　오야마 대위가 사살됨(상하이사변)

15일　일본 정부, 난징 정부에 대한 단호한
　　　응징을 성명하고, 전면 전쟁을 개시함

20일 친일 여성 단체 애국금차회, 금비녀 헌납운동을
     시작함
     임시정부에 대한 동포의 지지를 호소하는
     포고문이 발표됨

23일 윤치호, 최린 등 25명, 조선신궁사무소에 모여
     일본군의 국위 선양에 대한 기도제 거행을 결의함

9월 미국 대한인국민회, 임정 후원을 위한 특별
     의연금과 중국 항일 전쟁 후원금, 국민 부담금
     모금운동을 전개함
     한국국민당, 상하이에 특무대를 파견해 일본군의
     군사기밀을 탐지하고 중국 군사위원회에 통보함
     함북 명천농민조합 관련자 229명, 체포됨(~11월)

6일 총독부, 전국 학생 총동원, 신사참배, 국방헌금,
     위문대 증정 등 각종 행사를 전개, 독려함

7일 전남도청, 신사참배를 거부한 광주 수피아
     여학교, 숭일학교 및 목포 영흥·정명학교에 대해
     폐교를 명령함

9일 연해주 고려인 강제 이주 열차 운행이 시작됨
     (10월 9일 카자흐스탄 우슈토베에 최초로 정착함)

12일 국민정신총동원 실시 요강이 발표됨

17일 조선총독부, 군수동원법 실시를 결정함

10월 1일 총독부, 황국신민서사를 제정함

8일 황국신민체조가 정해짐

10일 한국국민당, 난징방송국을 통해 항일 방송을
     시작함

29일 총독부, 1938년부터 한국 농민의 만주 이주
     통제를 결정함

11월 지하 1층, 지상 6층의 화신백화점이 준공됨

3일 일본 후쿠오카현 거주 조선인, 조선인단체연합
     시국대회를 열고 소비에트의 조선인 박해에 대한
     항의 결의문을 선포함

5일 〈조선중앙일보〉, 폐간됨

23일 임정, 본부를 창사로 이전함

12월 1일 재만 한인의 치외법권, 철폐됨

12일 조선사상범보호관찰령 시행 규칙이 제정, 공포됨

23일 일왕 사진을 각급 학교에 배부하고 경배하게 함

* 이 해에 독립운동가 한위건, 옌안에서 사망함

21일 중소불가침조약이 조인됨

22일 홍군이 국민혁명군 팔로군으로 개편됨

24일 일본 각료회의, 국민정신총동원 실시
     요강을 결정함

9월 스탈린 명령으로 연해주 조선인 강제
     이주가 시작됨

10일 일본, 전시특별3법(군수공업동원법,
     수출입품등임시조치법, 임시자금
     조정법)을 공포함

21일 일본, 징병 복무 기한을 연장함

22일 국민당, 국공합작선언서를 공표함

24일 린뱌오 지휘 팔로군, 핑싱관에서
     일본군을 포위, 공격함

10월 17일 전일본노동총동맹대회, 사변 중 파업
     중지와 전쟁 지지를 결의함

11월 5일 트라우트만 중국 주재 독일대사, 일본의
     화평 조건을 중국에 통고함(화평 공작)

6일 독일, 이탈리아, 일본, 3국 방공협정을
     맺음

20일 장제스, 충칭 천도를 선언함
     일본, 대본영을 설치함

12월 11일 이탈리아, 국제연맹을 탈퇴함

13일 난징학살사건이 일어남

14일 베이징에 중화민국임시정부가 수립됨

* 이 해에 피카소, 〈게르니카〉를 완성함

1월 8일 해주정미소 여공 90여 명, 감독의 비행 개선을
요구하며 총파업을 벌임
15일 일본 육군성, 조선지원병제도 실시 계획을
발표함
22일 총독부, 지원병 신청자를 510명으로 집계함
2월 평양신학교 교사 박형용 외 학생 7명, 신사참배
반대로 검거됨
김정구, 〈눈물 젖은 두만강〉을 발표함
9일 조선예수교 평북노회, 장로교 최초로
신사참배를 승인함
12일 전국 신문사 대표들, 친일 단체인 조선춘추회를
조직함
13일 김단야, 소련 비밀경찰에 의해 처형됨
3월 조선사 편수회, 《조선사》 35권을 간행함
1일 이병철, 삼성상회를 설립함
4일 조선총독부, 황국신민화 정책 강화를 위해 제3차
조선교육령 개정을 내놓음(4월 1일 시행함)
10일 안창호, 병보석 출감 후 사망함
흥업구락부 52명, 체포됨
4월 총독부 학무국, 일본어 보급 계획으로
《국어독본》을 완성함
3일 조선육군특별지원병제가 실시됨
19일 총독부 학무국, 한국어를 실업으로 대체할
것을 지시함
양기탁, 중국에서 사망함
5월 7일 조선혁명당원 이운한의 저격으로 김구, 중상을
입고, 현익철, 사망함(남목청사건)
8일 친일 목사 및 교도, 경성부민관에서 조선기독교
연합회 발회식을 거행함
10일 일본 국가총동원법의 조선 적용이 공포됨
31일 총독부, 각종 토목공사에 부인동원령을 시달함
6월 14일 총독부, 학교근로보국대 구성을 지시함
18일 수양동우회사건 관련자 갈홍기 등 16명, 대동
민우회에 가입하겠다는 변절 성명서를 배포함
〈조선일보〉와 〈동아일보〉, 비상시국선언을
발표하고 내선일체, 지원병제도에 협력을 다짐함
7월 1일 국민정신총동원 조선연맹이 창립됨
19일 문세영, 이윤재, 《조선어사전》을 간행함

1월 31일 프랑코, 스페인 국민 정부를 조직함
2월 1일 일본에서 제2차 인민전선사건이
일어남
7일 중소 군사항공협정이 조인됨
18일 일본 각의, 조선지원병제도 실시를
결정함
3월 11일 독일군, 오스트리아에 진주함
17일 독일, 오스트리아 합방을 선언함
소련, 나치의 침략 저지를 위한 열국
회의를 제안하고 영국, 거부함
18일 멕시코, 석유 국유화를 선언함
28일 일본의 간섭하에 중국 유신 정부가
수립됨
29일 한커우에서 열린 국민당 임시전국
대표회에서 장제스, 당 총재에 취임하고
비상 대권을 부여받음
4월 1일 일본, 국가총동원법을 공포함
2일 중국국민당, 항일 건국 강령을 제정함
16일 영국과 이탈리아, 협정에 조인함
(영국, 에티오피아에 대한 이탈리아
주권을 승인함)
25일 영국, 아일랜드 독립을 승인함
5월 17일 미국, 빈슨 해군확장안이 성립됨
7월 5일 스페인내란 불간섭위원회, 의용병
철퇴안을 채택함
11일 장고봉에서 일본군과 소련군이 충돌함
(하산호전투)
30일 일본, 산업보국연맹을 결성하고,
경제보안경찰제도를 실시함
8월 10일 일본과 소련, 정전협정을 체결함
9월 12일 히틀러, 수데텐 독일인의 자결권을
주장함
15일 영국 체임벌린 수상, 히틀러와
회담을 가짐
24일 체코 정부, 총동원령을 공포함
29일 영국, 프랑스, 독일, 이탈리아,
뮌헨회담에서 수데텐이 독일에
할양되는 것을 승인함

24일 전향자들, 시국대응전선사상보국연맹을 결성함

8월 15일 파쇼 단체인 조선방공협회가 설립됨

9월 3일 경성지법, 전향 성명서를 발표한 흥업구락부 45명에게 기소유예 처분을 내림

10일 조선장로교 총회, 제27회 총회에서 신사참배를 결의함

10월 1일 부산-베이징 간 직통 급행열차 운행이 개시됨

10일 김원봉 등, 조선의용대를 창설함
만주국, 한인 특설 부대를 신설함

14일 사회주의계열 독립운동가 윤자영, 스탈린에 의해 숙청당함

12월 16일 이병도 등 60여 명, 다산 전집 출판기념회를 거행함

* 이 해에 김정구, 〈왕서방연서〉를 발표함

30일 뮌헨협정이 체결됨

10월 1일 독일군, 수데텐에 진주함

2일 폴란드, 체코의 테셴 지방을 점령함

5일 체코 대통령 베네시, 사임하고 런던으로 망명함

25일 일본군, 한커우를 점령함

31일 장제스, '전국 민중에 고하는 글'을 발표함

11월 26일 소련과 폴란드, 불가침조약을 갱신함

12월 9일 범미회의, 리마선언을 채택함.
미주 각국 상호 불가침 성명을 냄

16일 일본, 흥아원을 설치함

23일 스페인 프랑코군, 카탈로니아 진격을 개시함

* 이 해에 미국 캐러더스, 나일론을 발명함
독일 슈트라스만, 우라늄의 핵분열 현상을 발견함

1월 총독부, 일본 남양청 요구로 한국인 노동자 500명을 팔라우 코로르섬에 이송하기로 결정함 (2월 6일 선발대 50명, 출발함)

21일 조선변호사협회, 인권운동을 전개함

2월 중국 류저우에서 한국광복진선 청년공작대가 조직됨

4일 국어사용금지 반대운동을 전개하던 하기락 등, 검거됨

10일 제2기 육군지원병 지원자가 12,548명으로 집계됨

11일 조선일보사, 국민정신총동원 조선일보연맹을 결성함
윤치호 등, 조선지원병후원회를 결성함

3월 29일 경남 남해군 노동자 325명,
함남 풍산수력전기 공사장으로 노동 이주함

4월 3일 사학자 문일평, 사망함

16일 동북항일연군, 창바이현 호동구전투에서 승리함

18일 압록강 수력발전소 수몰 지역민 2만여 명,
선만척식회사의 만주 이민 강요로 제1진 출발

1월 5일 일본, 히라누마 기이치로 내각이 성립됨

6일 독일, 일본에 삼국동맹을 정식으로 제안함

20일 국제연맹 이사회, 장제스 지원을 결의함

2월 7일 런던에서 팔레스타인 원탁회의가 열림

10일 일본군, 해남도를 점령함

24일 헝가리, 독일·이탈리아·일본의 삼국 방공협정에 가입함(3월 27일 프랑코 정권도 가입함)

27일 영국과 프랑스, 프랑코 정권을 승인함

3월 9일 일본, 병역법 개정을 공포함

16일 독일, 체코슬로바키아를 해체함

18일 포르투갈, 프랑코 정권과 불가침조약에 조인함

23일 독일, 리투아니아와의 강제적 조약에 의해 메멜 지방을 병합함

28일 프랑코군, 마드리드에 진입함
(스페인내란, 종결됨)

1939년

5월		김구, 김원봉, '동지, 동포에게 보내는 공개 통신'을 발표함
	7일	이수영 등, 나고야에서 항일 비밀단체 민족중흥회를 조직함
6월	1일	직업 능력을 신고하는 국민등록이 개시됨
	11일	천도교 본부, 국민정신총동원 천도교연맹을 결성함
	23일	조선의용대, 일본군 포로 위로연을 개최함 일본인 반전운동을 지원함
7월	1일	경성-베이징 간 유선전화가 개통됨
	2일	경방단(경찰 보조 기구로 활동하던 민간 단체) 규칙이 공포됨(10월 1일 전조선경방단이 결성됨)
	4일	일본, 본년도 110만 명 노무 동원 계획을 발표함
	8일	조선인 지원병 중 최초의 전사자가 나옴 (23세 이인석)
	12일	친일 단체 배영동지회가 결성됨(회장 윤치호)
	17일	김구 계열과 김원봉 계열, 충칭에서 전국연합진선협회를 결성함
	18일	김석원과 김활란, 조선일보사 강당에서 비상시국 생활 합리화에 대해 강연함
	28일	총독부, 각 중등학교에 해군 교련 실시를 결정함
8월	16일	영화 통제를 위해 조선영화인협회가 결성됨
	23일	안투현에서 동북항일연군이 일만 군경 100여 명을 사살함(다샤허전투)
	27일	미주에서 조선의용대후원회가 성립됨 충칭 치장에서 7당이 참여한 통일회의가 개최됨
9월	6일	워로시로프스크의 한인 소련군 제76연대 3,800 여 명, 해산 후 카자흐스탄으로 강제 이주됨
	21일	박영효, 사망함
10월	1일	국민징용령이 실시됨
	15일	안중근 2남 안준생, 박문사를 참배함
	16일	조선유림대회, 조선유도연합회를 결성하고 국민정신총동원운동 협력을 결의함
	29일	친일 단체 조선문인협회가 결성됨
11월		방공협회, 재단법인이 됨 (현재 지부 수: 3,500, 부원 수: 20만)
	1일	외국인의 입국 체재 및 퇴거령이 공포됨
	10일	조선인의 창씨개명이 공포됨

4월	7일	이탈리아, 알바니아를 병합함
	12일	일본, 미곡배급통제법을 공포함
	18일	일본, 노동총연맹을 해산함
	25일	중국 왕자오밍, 하노이로 탈출함
	28일	히틀러, 독일·폴란드 불가침조약 (1934)과 영·독 해군협정(1935) 폐기 성명을 발표함
5월		샴, 불평등조약을 개정해 국호를 타이로 고침
	12일	만주 국경에서 일만군이 외몽고, 소련군 과 충돌함(노몬한사건, 할힌골전투)
	22일	독일과 이탈리아, 군사동맹을 체결함 (베를린과 로마가 추축을 이뤄 완성됨)
6월	12일	국민당군이 신사군을 공격해 간부를 학살함(평강사건)
	14일	일본군, 톈진 영·프 조계를 봉쇄함
	16일	중소 신통상협정이 조인됨
7월		소련, 극동 한인 1만여 명, 중앙아시아로 강제 이주시킴
	8일	일본, 국민징용령을 공포함
8월	23일	독일과 소련, 불가침조약을 체결함
9월	1일	독일, 폴란드를 침공함 (제2차 세계대전이 시작됨)
	3일	영국과 프랑스, 독일에 선전포고함
	5일	미국, 국외중립을 선언함
	15일	모스크바에서 일본과 소련 간 노몬한 사건 정전협정이 성립됨
	17일	소련군, 동부 폴란드로 진격함
	21일	왕자오밍, 친일 신중앙정권을 수립함
	27일	독일군, 바르샤바를 함락함
	28일	독일과 소련, 우호조약에 조인함 폴란드 분할 점령이 결정됨
10월	1일	일본, 석유 배급 통제를 실시함
	2일	미주 제국, 중립을 선언함(파나마선언)
11월	3일	미국 대통령, 중립법 수정안에 서명함

11일 중국 관내 무정부주의자 연맹 활동자들,
　　 충칭에서 전지공작대를 결성함

21일 임시의정원, 지청천과 차리석의 제안으로 매년
　　 11월 17일을 '순국선열기념일'로 제정함

12월　이관술과 김삼룡, 서울콤그룹을 조직함
　　 박헌영, 가담함

18일 소작료통제령 시행 규칙이 공포됨
　　 (소작쟁의, 봉쇄됨)

11일 일본, 병역시행령을 개정함
　　 단기현역제를 폐지함

30일 소련군, 핀란드를 공격함

12월　5일 일본, 소작료통제령을 공포함

14일 국제연맹, 소련을 제명함

16일 국민당 군대가 협감영변구의 팔로군을
　　 공격함(12월사건)

* 이 해에 스위스 뮐러, DDT의 살충 효과를 발견함

1월 11일 총독부, 노동력 강제 동원을 위해 노동자 모집
　　 규칙을 취소하고 조선직업소개령을 공포함
　　 (1월 20일 시행됨)

2월 11일 창씨개명이 실시됨(일본식 성명이 강요됨)

3월　조선사 편수회, 《조선사》 37권을 완간함

　5일 국민협회 대표, 13도 도회의원 25명의 연관장을
　　 가지고 조선의 참정권 청원을 위해 도쿄로 출발함

　9일 일본 유학생 안병익, 이창덕 등, 독립운동 단체
　　 죽마계를 조직함

12일 조선어학회의 이극로 등,
　　 《조선어사전》 7권 출판을 인가받음

13일 임정 국무총리 이동녕, 중국 쓰촨성에서 사망함

25일 항일유격대, 홍치허전투에서 승리함

5월　9일 한국독립당, 한국국민당, 조선혁명당과 하와이의
　　 애국단 등, 한국독립당을 창당함(위원장 김구)

26일 김봉반, 김병목, 고봉조 등 오사카전문학교
　　 한인 학생, 항일 단체인 계림동지회를 조직함
　　 (1941년 2월, 14명이 일본 경찰에 검거되면서
　　 해산함)

6월　7일 조선어학회, 한국어로마자표기법, 외래어표기법,
　　 일본어표기법을 발표함

23일 비밀결사 민족부흥회를 결성한 이수영 등 22명,
　　 일본 나고야에서 체포됨

28일 국내 항일운동에서 활약한 정헌태, 사망함

1월 19일 마오쩌둥, '신민주주의론'을 발표함

2월　1일 일본, 육운통제령 및 해운통제령을
　　 공포함

11일 독일, 소련과 통상협정에 조인함

3월　1일 인도 국민회의, 전 인도 불복종운동을
　　 결의함

12일 소련과 핀란드, 강화조약에 조인함

23일 라호르에서 인도 이슬람교도연맹대회가
　　 열림(이슬람교도에 의한 독립 연방
　　 수립을 요구함)

30일 왕자오밍 정부, 난징으로 천도함

4월　8일 일본, 국민체력법을 공포함

　9일 독일, 노르웨이와 덴마크를 침공함

10일 일본, 미곡강제출하명령을 발동함

5월　1일 히틀러, 서부전선 공격 개시를 지령함

　5일 노르웨이, 런던에 망명정권을 수립함

　8일 일본, 공산당재건운동을 탄압함

10일 영국, 처칠 연합내각을 성립함

13일 네덜란드, 런던에 망명정권을 수립함

15일 네덜란드, 항복문서에 서명함

26일 영국, 됭케르크에서 철수함(~6월 4일)

29일 벨기에, 런던에 망명정권을 수립함

6월 10일 노르웨이, 항복함
　　 이탈리아, 영국과 프랑스에 선전포고함

14일 독일, 파리에 무혈입성함

16일 프랑스, 독일에 항복함

18일 드골 장군, 런던에서 대독 항전을 호소함
　　 자유프랑스위원회를 설립함

7월　　한국청년전지공작대의 기관지 《한국청년》,
　　　중국 시안에서 창간됨
　1일 총독부, 학생의 만주 및 중국 여행을 금지함
15일 총독부, 전문학교생 100여 명을
　　　만주국 건설 봉사 학생근로대로 조직, 파견함
27일 국민정신총동원 경성연맹,
　　　신사참배 강화책을 각 연맹에 통첩함

8월　2일 도쿄 청년학원생 박윤옥 등 6명, 항일 결사
　　　열혈회 활동 혐의로 검거됨
10일 〈조선일보〉와 〈동아일보〉, 폐간됨
9월　　일본 사이타마중학 한국 유학생 100여 명,
　　　항일 단체 자숙회를 조직함
　　　(1941년 7월, 간부 6명이 검거되면서 해산함)
　1일 전시국민생활체제
　　　(생활 검소화, 6시 기상, 정오 묵도)가 실시됨
17일 한국광복군이 창설됨
　　　(총사령 지청천, 참모장 이범석)
20일 일제, '기독교 반전 공작 사건'을 조작해 주기철,
　　　최봉석, 최상림 목사 등 신사참배 반대 인사
　　　193명을 검거함
10월　9일 임정 제4차 개헌이 공포됨(국무령제를
　　　국무위원제로 전환. 주석에 김구가 선출됨)
16일 국민정신총동원연맹이 개편되고, 국민총력연맹
　　　이 조직됨(총재: 총독, 황국신민화를 강행함)
20일 총독부, 국민징용령과 국민직업능력신고령을
　　　개정 공포함(16~20세 청소년, 대상자로 필요시
　　　징발됨)
25일 중국 정부, 광복군의 중국전선 참전을 승인함
11월 12일 한국광복군 참모 김학규, 충칭의 국제방송을
　　　통해 한국광복군 당면 공작 내용을 발표하고
　　　국내외 동포의 호응을 촉구함

22일 콩피에뉴에서 독일과 프랑스,
　　　휴전협정에 조인함
24일 로마에서 이탈리아와 프랑스,
　　　휴전협정에 조인함
29일 일본 외상, '국제 정세와 제국의 입장'을
　　　방송함(대동아공영권 건설을 선언함)
7월　5일 비시 프랑스 정부,
　　　영국과 국교를 단절함
　6일 일본, 사회대중당을 해산함
　7일 일본, 일본노동총동맹 해산을 결정함
11일 프랑스 국가원수에 페텡이 선출됨
26일 일본, 대동아 신질서 및 국방 국가 건설
　　　방침을 결정함
30일 아메리카주 회의에서 공동방위 결의가
　　　채택됨(아바나선언)
8월 20일 팔로군 40만, 화베이에서 대규모의
　　　유격전 백단대전을 시작함
　　　멕시코에서 트로츠키, 살해당함
9월　3일 미국과 영국, 방위협정에 조인함
　7일 독일군, 런던 대공습을 단행함
13일 이탈리아군, 리비아에서 이집트를
　　　침입함
23일 일본군, 북부 프랑스령 인도차이나에
　　　진주함
25일 미국, 충칭정권에 2,500만 달러 차관을
　　　제공함(12월 10일, 영국도 1,000만
　　　파운드 차관을 제공함)
27일 독일·이탈리아·일본, 삼국동맹을 성립함
10월 12일 일본, 대정익찬회 발회식을 거행함
19일 일본, 회사경리통제령 및 임금통제령을
　　　공포함
22일 일본 동방회가 해산됨
11월　3일 일본 전수수평사, 대화보국운동으로
　　　방향을 전환함
　5일 루스벨트, 미국 대통령 3선에 성공함
10일 일본, 기원 2600년 식전을 개최함

23일 제2회 경남 학도 전력 증강 국방경기대회에서
　　　주최 측이 전년도 우승자를 낸 한국인 학교 동래
　　　중학과 부산제2상업학교의 우승을 막기 위해
　　　편파 판정을 일삼자 폐회식에서 부산 학생들이
　　　반발하며 시위를 벌임. 학생 1,000여 명은
　　　시위행진을 벌임(노다이사건)
　　　대구사범학교생, 항일 비밀결사 문예부를 조직함

29일 한국광복군 총사령부, 충칭에서 시안으로 이전함
　　　군사특파단을 폐지하고 건군 공작에 착수함
　　　유격전을 수행함

12월　경성콤그룹 김삼룡 등, 서대문경찰서에 검거됨

　6일 임정, 매년 11월 17일을 순국선열기념일로
　　　공포함

* 이 해에 정주영, 자동차 수리 공장 아도서비스를 인수함

20일 헝가리(23일 루마니아,
　　　24일 체코슬로바키아), 독일·이탈리아·
　　　일본 삼국동맹에 가입함

23일 대일본산업보국회가 설립됨

24일 일본 사이온지 긴모치, 사망함

29일 조선 거주 미국인 선교사 160명, 미국
　　　정부의 소환 권고로 출국함

30일 일본, 중·일·만 공동선언에 조인함

12월　6일 일본, 내각정보국을 설치함

　7일 일본, 경제신체제확립요강을 결정함
　　　(전시경제 체제로 전환함)

29일 루스벨트, 미국이 민주주의 국가의
　　　병기창이 되겠다는 뜻의 담화를 발표함

강창제
1898~1965

독립운동가. 평안북도 창성 출신으로 1919년 3·1운동 때 독립만세운동에 참여한 이후 상하이로 망명해 대한민국임시정부에 몸담았다. 1922년 독립신문사 기자, 1924년 임시정부의 회계 검사원과 검사관직을 수행했으며, 임시의정원 의원에 선임된 후에는 임시대통령 이승만의 탄핵안을 결의하기도 했다. 1926년에는 밀정 숙청, 일제 주요 시설 공격 및 임시정부 보호를 목적으로 병인의용단을 조직해 일본영사관 내산 판사처, 고등계 형사 판사처 등을 급습하고 소기의 성과를 올리기도 했다. 1929년 안창호, 김구 등이 이끄는 한국독립당에 실무진으로 참여했고, 1935년에는 조선혁명당, 한국독립당 등 5개 당이 합당한 민족혁명당 결성에 참여해 중앙위원 및 조사부장을 역임했다. 중일전쟁 중 임시정부 이동 시기에 창사에서 발생한 임시정부 내분 사건인 창사사건에 연루돼 체포되나 곧 풀려났다. 이후 중화민국 군사위원회에 몸담았다가 1944년 신한민주당 조직에 참여했다. 1963년 건국훈장 독립장 수훈.

고원훈
1881~?

親日

정치인, 교육가, 친일 반민족 행위자. 경상북도 문경 출신으로, 일본에 유학해 1910년 메이지대학 법과를 졸업하고 귀국 후 보성전문학교에 강사로 부임했다. 교수직을 거쳐 1920년 교장에 취임했으며, 같은 해 조선체육회 결성에 참여하고 초대 이사장으로 선출됐다. 적극적으로 친일 행위에 앞장선 인물로 조선총독부 중추원 참의, 전북도지사 등의 자리에 있었으며 일본 정부로부터 여러 훈장을 받았다. 1938년부터는 국민정신총동원 조선연맹에서 주관하는 순회강연의 연사로 활동했고, 국민총력조선연맹 이사, 흥아보국단 상임위원, 조선임전보국단 부단장 등으로 활동했다. 해방 후 한국전쟁 때 납북됐다.

공진원
1907~1943

군인, 독립운동가, 대종교 신자. 함경남도 문천 출신으로, 고운기라는 이름을 사용했다. 의병 출신 아버지 공창준을 따라 만주로 건너갔고, 하얼빈에서 중학교를 졸업했다. 한국독립당에 가입해 소대장으로서 항일전을 수행했고, 1932년 11월 중국 구국군 사령부에 파견되어 한중연합군 조직에서 활약했으며, 사도하자전투, 대전자령전투 등에서 승리를 거두었다. 1938년 한국독립당 감찰위원장을 역임했고, 1940년에는 임시정부 군무부에서 활동했다. 한국광복군 창설에 참여해 총사령부 참모로서 충칭에서 복무하던 중 1943년 병사했다. 1963년 건국훈장 독립장 수훈.

권영벽
1909~1945

군인, 사회주의자. 함경북도 경성 출신으로, 부모를 따라 간도 옌지로 이주해 룽징 대성중학에서 수학했다. 이후 봉명학교 교사로 재직 중 조선공산당에 입당했고, 1931년에는 중국공산당에 몸담고 항일투쟁에 참여했다. 1935년 항일유격대에 가입했고, 1936년에는 동북항일연군 제1로군 제2군 제6사에 소속되어 보천보전투를 앞두고 박달 등과 함께 보천보를 정찰했으며 이후 도강과 전투를 지원했다. 조국광복회조직사업을 위해 창바이 지구에서 활동하던 중 1937년과 1938년 두 차례에 걸쳐 조국광복회 조직원이 검거되는 혜산사건 때 함께 검거돼 사형을 선고받았다. 1945년 3월 형이 집행되어 생을 마감했다.

김갑순
1872~1960
親日

실업가, 친일 반민족 행위자. 충남 공주에서 태어나 공주 감영의 영리로 일을 시작했고 내장원 봉세관, 공주군수 등을 역임했다. 일제강점기에도 1911년까지 아산군수를 역임하는 등 지위를 이어갔으며 1912년 한국병합기념장을 받았다. 충청남도 지방토지조사위원회 위원으로서 토지조사사업에 협력하며 토지를 지속해서 매입해 공주일대에서 손꼽는 갑부가 됐으며 이를 바탕으로 공주금융조합장, 충청남도 도평의회원, 중추원 참의 등 요직에 앉았다. 일제강점기 말기까지 조선임전보국단 등 전쟁에 협력하는 활동을 지속했고, 해방 후 1949년 반민특위에 체포돼 재판을 받았다. 이후 1949년 농지개혁, 1953년 화폐개혁, 친·인척 간 재산 분쟁 등으로 급속히 몰락했다.

김경천
1888~1942

군인, 독립운동가. 함경북도 북청 출신이다. 본명은 김광서, 김응천, 김현충 등으로도 불렸다. 대한제국 시기 포병 부령, 군기창장 등을 역임한 김정우의 아들로 태어나 관비 유학생으로 일본에 유학, 1911년 일본 육군사관학교를 제23기로 졸업하고 도쿄에서 근무를 시작했다. 3·1운동을 맞이하자 일본 육군사관학교 동창생인 이동천, 지청천 등과 함께 만주로 망명해 대한독립청년단에 가입했고, 이후 신흥무관학교에서 교관으로 활동하던 중 무기 확보를 위해 블라디보스토크로 이동했다. 그러나 일본군의 시베리아 출병과 맞물리자 산림 지역으로 피신했다가 그곳에서 의용군을 모집해 마적 퇴치에 나섰으며 주민들의 생활 안정을 위해 군정, 민정을 실시했다. 러시아의 적백 내전 과정에서 적군과 함께 백군을 상대로 수차례 전투를 벌여 공을 세웠으나 일본군이 시베리아에서 철수하자 적군으로부터 무장해제를 강요당했다. 이후 1923년 상하이로 이동해 국민대표회의에 참석했으나 실망감을 안고 블라디보스토크로 복귀, 극동고려사범대학에서 강의하는 등 1930년대까지 연해주 지역의 한인 결집과 항일 역량 제고를 위해 노력했다. 스탈린 시기 숙청 때 주거 제한, 체포 등 고초를 당하다가 1942년 사망했다. 1998년 건국훈장 대통령장 수훈.

김기수
1886~1963
親日

정치인, 친일 반민족 행위자. 황해도 재령 출신으로 1926년부터 황해도 재령군 하류 면장을 지내기 시작해 1927년 황해도 민선 도평의회원에 선출됐다. 1929년 조선박람회의 평의원을 지냈으며, 1934년부터 천도교 신파를 중심으로 조선 독립 포기 및 조선인 자치를 추구하는 목적으로 조직된 시중회에서 활동했다. 1936년 6월부터 중추원 참의를 지내기 시작해 1939년까지 자리에 있었다. 총독부 학무국에서 주관하는 시국 강연 연사로 활동했으며 〈경성일보〉에 친일 내용을 광고하는 데 참여했다. 1941년부터는 국민총력조선연맹 이사, 조선임전보국단 황해도 발기인 등으로 활동하며 친일 행보를 이어갔다.

김대우
1900~1976
親日

관료, 친일 반민족 행위자. 평안남도 강동 출신으로, 1921년 일본에 유학해 규슈제국 대학 공학부 채광학과에서 수학하고 1925년 졸업했다. 1926년 조선총독부 임야조사 위원회 서기가 되고 1928년 평안북도 박천군수에 임명돼 친일 관료의 길을 걷기 시작했다. 1930년 평안북도 내무부 산업과장, 1932년 경상남도 산업부 산업과장을 거쳐 1934년 1월 조선총독부 학무국 사무관으로 승진했고, 조선사 편수회 간사를 맡았다. 같은 해 내선일체를 표방하는 천도교 단체인 시중회의 발기인으로 참여했다. 1936년 조선총독부 학무국 사회교육과장에 취임했다. 이때 중일전쟁이 발발하자 중일전쟁의 정당성을 홍보하는 시국 강연회 계획을 수립하고 집행했으며 황국신민서사 제정 계획을 입안했다. 1938년 국민정신총동원 조선연맹 이사에 선임됐으며, 조선청년단의 단장직을 맡았다. 1939년부터는 전라남도 내무부 내무부장으로 재직하면서 친일 선전을 위한 순회강연의 연사로 활동하고, 군용물자 공출, 국방헌금과 병기 헌납 등 중일전쟁을 위한 전시 업무에 적극적으로 참여했다. 1943년 전북도지사, 1945년 6월 경북도지사에 취임했고, 동년 7월 조선의용대 경상북도 총사령에 임명됐다. 해방되는 당일까지도 조선의 독립은 어렵다는 내용을 도청 직원들에게 훈시했다. 해방 후 반민특위에 의해 체포됐으나 증거 불충분으로 무죄 석방됐고, 1960년 제5대 참의원 선거에 출마했으나 낙선했다.

김동환

1901~?

親日

문인, 친일 반민족 행위자. 함경북도 경성 출신으로 본명은 김삼룡이다. 1926년 김동환으로 개명하고, 이후 시로야마 세이주로 창씨개명했다. 1916년 중동중학교에 입학했으며, 4학년 때 발표한 시 〈이성규와 미〉가 《학생계》에 실리기도 했다. 1921년 도쿄의 도요대학 문화학과에 유학했고, 1922년에는 재일조선노동총동맹 중앙집행위원으로 활동했다. 관동대지진을 계기로 학업을 중단하고 귀국한 뒤에는 시 창작에 매진했고, 1924년 〈적성을 손가락질하며〉라는 시가 《금성》에 실리며 등단했다. 한국 최초의 서사시로 불리는 동명 시집 《국경의 밤》을 1925년에 펴내며 높은 평가를 받았다. 시 창작 활동을 하면서 한편으로는 〈동아일보〉, 〈시대일보〉, 〈조선일보〉에서 기자로 일하기도 했다. 1927년 프롤레타리아 연극 단체 '불개미극단'을 창단했으며, 1929년 종합 월간지 《삼천리》를 펴내며 한국문학 발전에 이바지했다. 1930년에는 신간회 중앙집행위원으로 선출됐다. 그러나 1939년 미나미 총독이 발표한 '새로운 동양의 건설'을 《삼천리》에 싣고, 같은 해 조선총독부에서 결성한 조선문인협회에 발기인으로 참여하면서 본격적으로 친일의 길을 걸었다. 1940년 여러 연사의 친일 연설문 모음집인 《애국대연설집》을 발행했으며 친일을 내용으로 하는 글을 다수 발표하고 조선인의 황민화를 강조하는 대중 강연 활동에 나섰다. 국민총력조선연맹 문화위원으로 활동했으며 1943년 조선문인보국회 상임이사직을 맡았다. 해방 후 한국전쟁 중에 납북됐다.

김두정

1906~?

親日

사회주의자, 전향자, 친일 반민족 행위자. 함경남도 함주 출신으로 본명은 김두식이며 김권섭, 김추일, 최익선 등으로 불렸다. 1928년 조선총독부 관비 유학생으로 일본 야마구치고등상업학교에 입학했다가 1931년 중퇴했다. 중퇴 이후 도쿄에서 조직된 조선프롤레타리아예술가동맹과 관련된 출판사인 무산자사에 가입했으나 해당 조직 활동이 중단되자 1932년 노동계급사를 조직하고 기관지인 《노동계급》 편집 책임을 맡았다. 같은 해 5월에는 조선공산당 재건투쟁협의회 일본출판부 조직에 참여해 김치정, 문용하 등과 함께 기관지 《재건투쟁》을 펴내는 활동을 했다. 1933년 국내로 들어와 활동하던 중 체포돼 징역 6년 형을 선고받고 복역했다. 복역하던 중 1935년 12월에 전향서를 발표하고 1939년 가출옥 후에 전향자 단체인 시국대응전선사상보국연맹에 가입해 본부 상임간사, 서무부장으로 활동했다. 각종 시국 강연회에 연사로 나섰으며, 1940년 내지 성지순례단의 일원으로 도쿄, 오사카, 나라 등을 순례하며 신궁, 신사를 참배했다. 1942년 6월 국민총력조선연맹 사무국 총무부에서 활동했고 1944년에는 보도특별정신대 소속으로 각종 강연을 다녔다. 일제의 황국신민화 정책을 옹호하는 글과 저서를 다수 집필했다.

김미하일
1896~1938

군인, 사회주의자, 독립운동가. 1919년 항일 독립을 목적으로 김진, 장도정 등과 함께 블라디보스토크에서 일세당을 조직하고 러시아 혁명군 사령부의 승인을 얻어 조선인 혁명군을 조직했다. 같은 해 블라디보스토크에서 대한국민의회가 독립선언 기념회를 준비할 때 접대부장에 선임됐으며, 이어 열린 한인사회당 중앙총회에서 부회장에 선임됐다. 1924년에는 고려공산당 창립대회 준비위원회의 선전부원으로 활동했고, 연해주 노보에쿠스코예 구역의 당 서기직을 맡았으며, 1926년 연해도 집행위원회의 고려위원으로 참가했다. 2010년 건국훈장 애족장 수훈.

김백일
1917~1951
親日

군인, 친일 반민족 행위자, 참전 유공자. 함경북도 명천 출신으로, 항일운동가 김창근의 아들로 태어났다. 본명은 김찬규, 가나자와 도시오로 창씨개명했다. 1935년 서울 보성중학교를 졸업하고 만주로 돌아가 펑톈군관학교에 입학했으며, 제5기로 졸업해 독립군 토벌 부대인 만주군에 소위로 임관한 후 간도특설대 창설에 깊이 관여하고 해방 때까지 부대장으로 복무했다. 일제 침략에 적극 협력한 공로로 만주국 정부로부터 훈5위 경운장을 받았다. 일제 패망 소식을 듣게 되는 1945년 8월 20일까지 작전을 수행했으며 중국 진저우에서 해단식을 갖고 고향으로 귀환했다. 해방 후에는 남한으로 들어와 김백일로 개명하고 1946년 육군영어학교를 졸업한 후 중위로 임관했다. 남조선국방경비대 제3연대를 창설하고 연대장직을 맡았다. 1948년 여순·순천사건을 진압하고 1949년 옹진 지구 전투사령관으로 옹진반도전투를 지휘했다. 한국전쟁이 발발하자 육군 준장으로 제1군단장을 맡았으며 10월 1일 가장 먼저 38선을 돌파하고 북상해 '국군의 날' 제정의 계기를 마련했다. 12월 흥남철수작전 때 10만 명의 피난민을 해상으로 수송해 구출했다. 1951년 3월, 비행 중 대관령 인근에서 비행기 사고로 사망했고, 1966년 서울국립현충원 장군묘역에 안장됐다. 1951년 태극무공훈장 수훈.

김복수
1872~1950
親日

친일 반민족 행위자. 대표적인 친일파 윤덕영 자작의 처로 1928년 쇼와 천황 즉위 기념으로 대례기념장을 받았다. 1937년 8월 일본군의 중일전쟁을 후원하기 위한 목적으로 만들어진 애국금차회의 회장직을 맡았다. 귀족 또는 고위 관료의 부인이나 여류 명사로 구성된 애국금차회는 국방헌금, 전사상자 위문이나 조문 등의 활동을 전개했다. 애국금차회 간부들이 조선군 사령부 후카자와 중장에게 패물을 증정하는 모습을 화가 김은호가 〈금차봉납도〉로 묘사하기도 했다.

김석범
1915~1998
親日

군인, 친일 반민족 행위자. 평안남도 강서 출신으로, 1937년 평톈군관학교를 제5기생으로 졸업하고 만주국 소위로 임관했다. 1939년 4월 졸업, 성적 우수자로 일본 육군사관학교 본과에 유학해 1940년 제54기로 졸업했다. 만주국으로 돌아가서는 만주국 중위로 진급하고, 간도특설대에서 정보반 책임자로 활동했다. 정보반은 주로 팔로군, 항일 지하공작원, 민병의 활동과 주민들의 동태를 정찰하고 체포·학살하기 위해 정보를 제공하는 임무를 맡았다. 때로는 정보 수집을 넘어 항일 무장 세력이나 민간인을 직접 체포·심문하고 학살했다. 김석범은 1943년 간도특설대에서 활동한 공로를 인정받아 훈6위 주국장을 받았고, 간도특설대 재직 당시 상위(대위)로 진급했다. 광복 이후 조선인 출신 만주군 장교들을 주축으로 만든 신징 보안사령부에 참가해 평톈군교 동기인 정일권의 뒤를 이어 신징 보안사령부 사령관을 맡았고, 1946년 신징 보안사령부 전원을 이끌고 귀국했다. 한국전쟁이 발발하자 평톈군교 동기 신현준의 강력한 요청에 해병대로 전과했고 1953년 신현준의 뒤를 이어 제2대 해병대 사령관을 약 4년간 맡았다. 1960년 해병대 중장 예편 이후 재향군인회 부회장, 한국기계 사장, 성우회 부회장을 지냈다. 1998년 사망 이후 대전국립현충원에 묻혔다.

김신석
1896~1948
親日

금융인, 친일 반민족 행위자. 경상남도 산청 출신으로, 와세다대학을 중퇴하고 1914년 조선은행에 입사했고, 호남은행 등에서 일했다. 1939년 국민정신총동원 조선연맹 평의원, 중추원 참의 등을 맡아 반민족 행위에 앞장섰다. 중앙그룹 초대 회장이자 이건희의 장인인 홍진기가 사위다.

김아파나시
(김성우)
1900~1938

사회주의자, 독립운동가. 연해주 출신으로, 1919년 3월 블라디보스토크 시위에 참가해 3·1에 대한 일본의 과잉 진압을 비판하는 항의문을 일본영사 앞으로 전달했다. 1920년 러시아공산당에 가입하고 1921년 이르쿠츠크 고려공산당 창당대회에 참가했다. 여기서 이르쿠츠크파의 대회 주도에 반대하다 출당돼 시베리아로 유배당하나 11월 유배지를 이탈해 이동휘의 통역 역할로 레닌을 면담했다. 1922년 베르흐네우딘스크 고려공산당 연합대회에 참가해 코민테른 파견 대표단이 됐고, 1923~1925년 공산당 연해주위원회 고려부장을 역임했으며, 1933년 연해주 포시에트 구역 농기계 임경소 정치부장으로 있으면서 콜호스사업으로 레닌 훈장을 받았다. 포시에트 구역당 제1비서로 1934년 제7차 소련공산당대회에 참가해 연설하는 등 활발한 활동을 펼쳤으나, 1935년 일본 간첩 누명을 쓰고 체포되었고 1938년 총살됐다. 스탈린 사후 복권됐다. 2006년 건국훈장 애국장 수훈.

김연수
1896~1979
親日

기업인, 친일 반민족 행위자. 전라북도 고창 출신으로, 1921년 교토제국대학 경제학부를 졸업했다. 귀국 후 1922년 형 김성수가 운영하던 경성방직에 상무이사 겸 지배인으로 취임한 것을 시작으로, 경성직뉴주식회사(중앙상공주식회사의 전신), 삼수사(삼양사의 전신), 해동은행 등에서 주요 역할을 맡았다. 총독부의 권유로 함평, 고창 일대에서 대규모 간척사업을 하는 등 다수의 농장을 설립했고, 형 김성수가 설립한 재단법인 중앙학원에 이사로 참여했다. 1935년 경성방직 제2대 사장으로 취임해 경영 전면에 등장하면서 각종 조선총독부 조직에 참여하고 성금을 헌납했다. 경기도가 사상 선도와 사상범 전향을 목적으로 조직한 소도회의 상무이사를 비롯해 조선총독부 조선산업경제조사회 위원, 조선석유회사 이사, 조선실업구락부 감사 등을 역임했다. 일제가 주도하는 각종 분야에 다양하게 거액을 헌금했으며, 그 대가로 일본 정부가 주는 감수포장을 받았다. 1940년 국민정신총동원 조선연맹을 개편한 국민총력조선연맹 이사를 맡았으며 1942년 중추원 칙임관 대우 참의로 임명돼 해방 때까지 수당을 받았다. 전쟁 협력 단체 흥아보국단 상임준비위원, 조선임전보국단 준비위원 등을 맡아 조선임전보국단 운동자금으로 박흥식 등과 함께 20만 원을 기부했고, 조선임전보국단 결성 당시에는 상무이사를 맡았다. 1942년 일본군의 마닐라 함락을 기념해 삼양사 4만 원, 경성방직 4만 원, 중앙상공주식회사 1만 5,000원, 삼양상사주식회사 5,000원 등 10만 원을 모아 국방 자재비로 기부했다. 1943년 국민총력조선연맹 징병기념사업 실행위원으로 위촉돼 일본에 있는 조선인 유학생의 학병 지원을 선동했으며, 1944년 징병제와 학도지원병 실시에 적극 협력한 공으로 조선군 참모장으로부터 감사장을 받았다. 해방 이후 경성방직 경영에서 물러나 삼양사 경영에 전력을 기울였다. 1949년 반민특위에 체포되나 병보석으로 풀려나 무죄를 선고받았다.

김원근
1886~1965
親日

실업가, 친일 반민족 행위자. 청주에서 행상으로 시작해 1899년 조치원에서 작은 도매상을 경영하며 부를 쌓았다. 이후 청주를 중심으로 경제계와 교육계에서 활동하는 한편, 1930년대 중반 이후로는 각종 단체와 공직에 참여해 일제 식민 지배에 협력했다. 국민정신총동원 충청북도연맹 이사를 역임하고, 조선임전보국단 평의원, 조선총독부 중추원 참의로 활동했으며, 다양한 활동을 일제에 인정받아 수차례 포상을 받았다. 해방 후 청주상과대학을 설립하고 재단 명칭을 대성학원으로 변경했다.

김은호
1892~1979
親日

화가, 친일 반민족 행위자. 인천 출신으로, 경성서화미술회 제2기생으로 입학하자마자 친일 유력자들의 초상화 제작으로 유명해져 순종의 어용 화사로 발탁됐다. 1919년 3·1운동 당시 옥고를 치렀지만, 1921년 첫 서화협회전 이후 그림에만 전념했다. 1925년부터 도쿄미술학교 교수 유키 소메이에게 사사받고, 1936년 조선미술원을 설립했다. 이후 〈금차봉납도〉와 같은 군국주의 경향성을 띤 작품을 발표하고, 어용 단체들에 빠지지 않고 참여함으로써 친일 반민족 행위자 명단에 이름을 올렸다.

김인욱
1892~?
親日

군인, 친일 반민족 행위자. 함경남도 용강 출신으로, 1915년 일본 육군사관학교를 졸업하고 육군 소위로 임관했다. 중국 국민당군의 북벌이 자국 거류민을 위협한다면서 일본이 산둥과 만주에 출병했을 때 김인욱도 랴오둥 일대에 주둔하며 작전 활동을 전개했다. 1932년 압록강 대안을 오가며 항일 무장 부대에 큰 타격을 입혔고, 1937년 함경도와 간도 일대에서 활약하던 항일 무장 부대를 공격하는 등 다양한 전과를 올렸다. 특히 함경남도 삼수군의 압록강변 이북 밀림 지대에 집결한 김일성, 최현, 조국안 연합 부대를 김인욱이 인솔하는 혜산진 부대가 공격해 항일 부대원 50여 명을 사살하고 많은 부상자를 낸 것을 비롯해 수많은 전공으로 친일 반민족 행위자 명단에 이름을 올렸다. 해방 직전 예편해 평양에 거주하다가 소련군에 잡혀간 것으로 알려져 있다.

김재계
1888~1942

천도교인, 독립운동가. 전라남도 장흥 출신으로 1919년 천도교 장흥교구장으로 있으면서 3·1혁명이 일어난 소식을 듣고 독립운동자금을 모금했고, 이후 독립선언서를 받아 장흥과 강진에 배포하는 등 장흥에서 벌어진 독립만세운동의 중심 역할을 했다. 1936년부터 천도교 중앙 간부들과 함께 독립운동자금을 모으는 한편 일본 패망을 기원하는 기도를 하다 체포됐다. 이후 석방됐으나 고문 후유증으로 1942년 서울에서 사망했다. 1977년 대통령 표창, 1991년 건국훈장 애국장 수훈.

김재범
?~?

사회주의자, 독립운동가. 동북항일연군 제2군 제6사 제7단 정치위원으로 활동하면서 조국광복회 결성과 유격투쟁에 참여했다. 오성륜을 책임자로 하는 지방공작부에서 지방 공작을 활성화하기로 결정하고, 동만주 지방에 김재범을 책임자로 파견했다. 이후 옌지 일대에서 활동하다 김백산의 밀고로 체포됐다.

김정국
1883~?

독립운동가. 함경북도 온성 출신으로, 독립운동을 목적으로 일찍이 중국으로 건너갔다. 동만주 각지에 흩어져 있던 의병들이 의군부를 조직하자 이에 참여했다. 홍범도 휘하에서 여러 차례 국내로 잠입, 군자금을 모금하는 등 활발한 활동을 벌였으나 일경에 체포돼 옥고를 치렀다. 1995년 건국훈장 애국장 수훈.

김주현
1904~1938

독립운동가. 만주 지린성 출신으로, 농촌계몽운동에 참여하고 반일 단체에서 활동하다 1933년 허룽현 항일유격대, 1934년 동북인민혁명군에 가담했다. 1936년 국내진공전과 1937년 보천보전투 등 여러 전투에 참가했으며, 1938년 멍장현 서패자에서 일본군과 싸우다 전사했다.

김책
1903~1951

사회주의자, 북한 부수상 겸 산업상. 함경북도 학성군의 빈농 가정에서 태어나 만주 지린성에서 자랐다. 1927년 공산당에 입당해 세포원으로 활동하다 제1차 간도공산당사건으로 체포돼 2년간 투옥 생활을 했다. 출옥 후 1932년, 주하중심현위원회 군사위원이 되어 항일 무장투쟁에서 주로 정치사업을 담당했고, 1935년 동북인민혁명군 제3군 제1독립사 제1단 정치부 주임, 1938년 제3군 정치부 주임이 됐다. 1940년 항일유격대와 소련 당군의 회의에서 항일유격대의 소련 이동이 결정됐지만, 김책의 부대는 마지막까지 이동을 거부했고, 1943년이 돼서야 만주에서 철수를 시작했다. 1944년 동북항일연군 교도려에 합류하고, 광복 직전인 1945년 7월 말 김일성, 최용건과 함께 교도려에서 조선공작단을 만들었다. 광복 이후에는 최용건과 함께 당, 정, 군의 모든 분야에 관여하면서 김일성을 북한 최고 지도자로 옹립하는 데 결정적인 역할을 했다. 1946년 북한 군 간부 양성소인 평양학원 원장, 북조선인민위원회 부위원장에 취임했고, 1948년 북한 정권이 수립되자 내각 부수상 겸 산업상이 됐다. 한국전쟁 당시에는 전선사령관으로서 한국군에 악명을 떨쳤다. 1951년 김책이 사망하자 김일성은 김책시, 김책군, 김책공과대학, 김책제철소 등의 개칭으로 그의 죽음을 기렸고 영웅 칭호 및 국가 훈장 제1급을 추서했다.

김탁
1912~?

독립운동가, 북한 정치인. 함경북도 출신으로 1935년 중국에 건너가 의열단의 조선혁명간부학교에 입학했다. 1938년 조선의용대 제1구대 정치지도원이 됐으며, 1940년 조선의용대 제1지대 정치지도원 겸 민족혁명당 중앙위원에 선출됐고, 1941년 조선의용대 제3지대 정치지도원으로 활발히 활동했다. 조선의용대가 나눠질 당시 충칭에 남아 대한광복군 제1지대 대원으로 활동했고, 1943년 대한민국임시정부 임시의

정원 의원을 역임했다. 광복 직후 지린성에서 조선의용군과 함께 생활하다 북한으로 들어갔다. 1948년 해주에서 열린 남조선 인민대표자대회에서 최고인민회의 제1기 대의원에 선출됐고, 1952년 북한 정부 기관지《민주조선》부편집국장, 1956년 노동당출판사 부장에 취임했다.

김태준
1905~1949

국문학자, 사회주의자. 호는 천태산인이며, 평안북도 운산 출신이다. 대학 시절인 1930년에 비교문학적 국문학 연구인《조선소설사》를 〈동아일보〉에 연재해 명성을 드높였다. 김태준은《조선소설사》에서 소설 형성의 역사를 논했는데, 1939년《증보 조선소설사》를 발표해 마르크스주의 계급론적 시각을 강화하고 사회경제사적 관점에서 문학사 변동 과정의 해석을 시도했다. 1931년에는 경성제국대학 법문학부 중국문화과를 졸업하고 조윤제, 이희승, 김재철 등과 함께 조선어문학회를 조직했다. 그해《조선한문학사》를 발간했는데, 이 책은 한문학의 역사적 흐름을 처음 체계화함으로써 국문학으로의 이행 문제와 신구(新舊)학문의 대립이라는 관점을 보여주어 한국문학사를 새로이 정립시켰다는 평가를 받는다.《조선소설사》와《조선한문학사》는 이후 국문학자들에게도 많은 영향을 주었다. 김태준은 이후 명륜전문학교와 경성제국대학 강사를 역임하고, 박헌영, 김삼룡 등과 함께 경성콤그룹 활동을 벌이다 1941년 체포됐다. 1944년에는 중국 옌안으로 건너가 항일전선에 참여했고, 해방 이후 귀국해서는 조선공산당 문화부장 등을 역임했다. 1947년 남로당 문교부장 겸 특수정보 책임자로 활동하다 체포됐고, 서울 수색에서 이주하, 김삼룡 등과 함께 처형됐다.

김학규
1900~1967

독립운동가. 평안남도 평원 출신으로, 어릴 때 만주로 건너가 신흥무관학교를 졸업했다. 동명중학교에서 잠시 교원으로 생활하다 1931년 조선혁명당에 들어가 군사령부 참모를 역임하며 영릉가전투, 통화현전투 등에서 수많은 전공을 세웠다. 만주사변 이후에는 유동열, 최동오와 함께 조선혁명당 대표로 난징에 파견됐으며, 1935년 조선민족혁명당이 결성될 때 현익철, 유동열, 김창환, 양기탁, 이복원 등과 협의하고 김원봉에게 결별을 선언했다. 이후 대한민국임시정부에서 활동했는데, 1940년 한국광복군 결성 당시 총사령부 참모를 역임했고, 1941년 광복군 제3지대장에 취임해 수많은 전공을 세웠다. 해방 이후 광복군 총사령부의 주상하이 판사처 처장으로서 3만여 교포를 안전히 귀환시키는 역할을 맡았고, 1946년 한국독립당의 만주특별당 부위원장을 역임하며 1만 2,000여 교포를 무사히 귀국시켰다. 귀국 이후 한국독립당에서 활동하며 이승만 정권에 반대하다 군법회의에서 징역 15년 형을 받았으나 1950년 6월 석방됐다. 1960년 한국독립당을 재건해 최고대표위원으로 활동했다. 1962년 건국훈장 독립장 수훈.

김학무
1911~1943

독립운동가. 함경북도 온성에서 태어났다. 1934년 2월부터 뤄양군관학교에서, 7월부터는 난징의 중앙대학에서 수학했다. 1935년 8월 정성언 등과 공산주의 비밀결사 혁명동지회(10월회)를 조직, 지도했고, 1936년 5월 민족혁명당에 입당했다. 중일전쟁이 발발한 이후인 1937년 12월 중국 중앙육군군관학교 특별훈련반에 들어가 1938년에 졸업했으며, 5월에 개최된 조선민족혁명당 제3차 임시전당대회에서 중앙집행위원으로 선출됐으나 6월에 조선민족혁명당을 탈당하고, 이후 조선청년전위동맹을 조직해 간부로 활동했다. 1938년 10월 우한에서 조선청년전위동맹원들을 이끌고 조선의용대 창설에 가담, 조선의용대 지도위원으로 추대됐으며, 우한이 일본군에게 함락되자 조선의용대 제2구대원들을 이끌고 후베이성의 중국군 제5전구에서 항일 선전 활동을 전개하고, 1939년 조선의용대 부지대장에 취임했다. 이후 의용대를 화베이로 이동시킬 것을 주장했고, 1941년 여름에 부대원들을 이끌고 화베이에 있는 팔로군의 근거지로 이동했다. 1941년 조선의용대 화북지대 정치지도원, 1942년 7월 화북조선독립동맹 중앙집행위원 겸 선전부 부장, 11월에는 화북조선청년혁명학교 교무주임으로 활동했다. 1943년 팔로군 작전 지구 타이항산에서 일본군과 교전 중 전사한 것으로 알려진다. 2001년 건국훈장 독립장 수훈.

나월환
1912~1942

독립운동가. 전라남도 나주에서 태어났다. 1924년 3월 인천공립보통학교를 졸업하고 도쿄로 건너가 세이조중학교를 마치고 아오야마학원에 입학했다. 일본에서 박열, 송영운, 최학주, 유치진 등과 더불어 사귀면서 무정부주의 사상에 심취했다. 1932년 상하이로 망명해 한국혁명당에 가입하는 한편, 안재환, 최경수 등과 철혈단을 조직해 일제와의 투쟁에 진력했다. 이후 독립군에 투신하기 위해 황푸군관학교에 들어갔으며, 1936년 제8기로 졸업했다. 1937년 일본 경찰에 붙잡혀 본국으로 압송되는 도중, 칭다오에서 탈출해 본대로 돌아왔다. 1939년 임시정부의 지령으로 한국청년전지공작대를 결성하고 대장에 취임했다. 1941년 3월 한국청년전지공작대가 광복군 제5지대로 편성되면서 제5지대장 겸 징모 제5분처 주임위원으로 새롭게 임명되어, 적 점령 지역에 대한 초모·선전·첩보·유격전을 전개했다. 박동운 등 변절자에 의해 피살됐다. 1963년 건국훈장 독립장 수훈.

남승룡
1912~2001

체육인. 전라남도 순천에서 태어났다. 1936년 베를린올림픽대회 마라톤 부문에 참가해 3위를 차지했다. 당시 1위는 손기정이었다. 순천공립보통학교 6학년 때 조선신궁대회에 출전해 1만 미터에서 4위, 마라톤에서 2위를 차지하는 등 일찍부터 달리기에 재능을 보였다. 1932년 경성운동장에서 열린 전조선육상경기대회 5,000미터와 1만 미터 부문에서 우승을 차지했고, 전일본마라톤선수권대회에서도 우승을 거머쥐었다. 1933년 극동선수권대회, 1934년 일본건국기념 국제 마라톤 대회에서도 1위를 차지했다. 해방 후 1947년 4월에 개최된 보스턴 마라톤 대회에 손기정이 감독을 맡고 서른여섯 살의 남승룡이 코치이자 선수로서 서윤복과 함께 출전했는데, 이때 2시간 40분 10초를 기록해 10위로 골인하고 서윤복은 우승을 차지했다. 1953년 전남대학교 체육학과 교수로 취임했으며, 1947~1963년 대한육상경기연맹 이사를 역임했다. 1970년 국민훈장 모란장 수훈.

민규식
1888~?

親日

금융인 겸 기업인, 친일 반민족 행위자. 1910년 한성 휘문의숙을 졸업하고, 1918년 영국 케임브리지대학교 경제학과를 졸업했다. 일제강점기 한일은행과 동일은행 등 금융기관과 경춘철도주식회사, 계성주식회사 등 여러 기업의 간부를 역임했다. 1928년 일본 정부로부터 쇼와 대례기념장을 받았다. 1937년 비행기 건조비로 1만 원을 헌납하고, 민대식, 민병도와 함께 국방비와 일본군 위문 자금으로 1만 원을 헌납했으며, 1938년부터 국민정신총동원 조선연맹, 국민총력조선연맹, 조선임전보국단 등에 적극적으로 참여했다. 1943년 동일은행 명의로 현금 5,000원과 금속 30여 점을 헌납했고, 1945년 6월부터 해방 전까지 조선총독부 중추원 참의를 역임했다. 1950년 7월 납북됐다.

박건웅
1906~?

독립운동가, 정치인. 평안북도 의주에서 태어나 1926년 10월 중국 황푸군관학교 보병과를 제4기로 졸업하고 중국군에 들어가 복무했다. 1928년 의열단에 가입하고, 이후 한일래와 함께 의열단 대표로서 1932년 10월 상하이에서 열린 한국대일전선통일동맹 결성을 위한 협의회에 참석했다. 그 자리에서 한국독립당, 조선혁명당, 한국혁명당, 한국광복동지회 대표와 함께 합작체를 발기하고, 각 단체 연합 준비위원 5인 중 1인으로 추대됐다. 이어서 한국대일전선통일동맹과 중국 측 여러 항일 단체를 연합시켜 중한민중대동맹을 결성하는 데 참여하고, 조직선전부장을 맡았다. 1936년 김성숙 등과 함께 조선민족혁명당을 이탈, 조선민족해방동맹을 조직했으며, 1942년 임시정부 선전위원회 선전위원, 의정원 의원, 약헌수정위원, 군무부 비서, 한중문화협회 감사 등을 역임했다. 광복 후 귀국해서는 1946년 8월부터 사회민주당에 참여하면서 좌우합작위원회 위원으로 좌우합작운동을 전개했으며, 그해 남조선과도입법의원의 입법의원이 되고, 산업노동위원회 위원장을 역임했다. 1950년 한국전쟁 때 납북되어 북한에서 명예연구사 칭호를 받고, 《고려사》, 《리조실록》, 《팔만대장경》 등의 고전 번역을 담당했다. 1990년 건국훈장 독립장 수훈.

박금철
1911~1967

사회주의 운동가, 정치인. 함경남도 갑산에서 태어났다. 1932년 갑산군 운흥면에서 야학을 운영했다. 1935년 3월 반일 공산 조직인 갑산공작위원회 결성에 참가해 출판 및 경제 담당 책임자가 됐고, 1936년 조국광복회 국내 조직을 만들기 위해 동북항일연군 제1로군 제6사 사장 김일성을 만나 항일 민족통일전선이라는 새로운 노선을 받아들였다. 그 결과 갑산공작위원회를 조선민족해방동맹으로 개편하고, 조국광복회 국내 조직 확산 작업에 나섰다. 1937년 10월과 1938년 7월 두 차례에 걸쳐 함경남도 북부 지방과 창바이현 일원의 조국광복회 조직원 739명이 검거된 혜산사건에 연루돼 일제에 체포됐고, 1941년 8월 함흥지방법원에서 무기징역을 선고받았으며, 광복과 함께 출옥했다. 출옥 후 김일성을 도와 북한의 국가 건설 과정에 중요한 역할을 했는데, 특히 혜산사건 당시의 동지들로 이루어진 갑산파의 지도자 역할을 하면서 김일성을 최고지도자로 옹립하는 데 커다란 역할을 했다. 조선노동당 내에서는 1948년 제2차 당대회에서 이미 중앙위원회 위원으로 진출했다. 그러나 1967년 유일사상 위배, 지방주의 조장 등의 명목으로 숙청당했다. 숙청의 직접적인 이유는 김일성의 유일 지도성을 해체시키려 했다는 것이었다.

박달
1910~1960

사회주의 운동가. 함경북도 길주에서 태어났다. 어려서는 명천소년회, 갑산청년동맹에서 활동했고, 1932년 갑산군 운흥면에서 야학을 운영하며 프롤레타리아문화운동을 전개했다. 1935년 3월 운흥면에 활동 거점을 정하고 갑산공작위원회 결성에 참가해 정치부 책임과 총책임을 맡았으며, 1936년 재만한인조국광복회에 들어갔다. 1937년 1월 갑산공작위원회를 조선민족해방동맹으로 개편하고 책임자가 됐으며, 이때 군중들을 혁명적으로 각성시켜 조선인민혁명군에 보냈다. 같은 해 중국공산당에 입당했다. 6월 보천보전투에 호응하여 일본군 주둔 상태 및 군사기밀 탐지, 통신선 절단, 보급물자 운반 등을 수행했으며, 1938년 8월 중국 동만위원회 특별위원회 산하로 조선파견지부를 조직해 책임자가 되나 변절자의 밀고로 9월, 일경에 검거되고 함흥형무소에 수감됐다. 1941년 8월 함흥지법에서 사형선고를 받고 서울 서대문 형무소로 이감됐으며, 광복 후 출옥, 귀향했다. 1960년 4월에 병으로 사망했는데, 생전에 조국광복회를 결성한 주인공으로서 김일성의 각별한 배려를 받은 만큼 장례식이 국장으로 치러졌으며, 김일성 가계가 아닌 인물로는 최초로 동상이 세워지기도 했다.

박옥련
1914~2004

독립운동가. 광주에서 태어났다. 광주여자고등보통학교 재학 중인 1928년 11월, 장매성 등과 함께 사회주의 사회 실현과 민족 독립, 그리고 여성해방을 목적으로 비밀결사 소녀회를 조직했다. 소녀회는 1929년 6월 독서회 중앙본부가 창립되자 하부 조직으로 가입했다. 1929년 11월 광주학생항일운동에 참여했고, 구속된 학생들을 위한 모금 활동도 벌였다. 1930년 1월 1일 소녀회가 광주학생운동으로 구속된 학생들이 석방되기 전에는 시험에 응하지 않겠다며 백지동맹에 나서자 광주여자고등보통학교 3학년 모두가 백지 답안을 제출했다. 1930년 1월 15일과 16일 이틀간 소녀회 주동자 12명이 검거될 때 함께 체포됐고, 같은 해 10월 6일 치안유지법 위반으로 광주지방법원에서 징역 1년에 집행유예 5년 형을 선고받았다. 1990년 건국훈장 애족장 수훈.

박효삼
1903~?

사회주의 운동가, 독립운동가. 함경도에서 태어났다. 1926년 1월 중국 광저우의 황푸군관학교 제4기생으로 입학해 같은 해 10월 졸업, 임관했다. 1936년경 조선민족혁명당에 가담했고 중국군 현역 대좌 신분으로 1938년 10월 우한에서 결성된 조선의용대 제1지대 지대장이 됐다. 우한 함락 후 제1지대를 이끌고 중국 제9전구에서 2년 동안 일본군과 싸웠으며, 조선의용대 확대간부회의 결의에 따라 1941년 4월 의용대 주력을 이끌고 일본군과 전투가 치열했던 화베이전선으로 들어가 같은 해 7월, 부대를 조선의용대 화북지대로 개편하고 후자좡전투, 반소탕전 등 여러 전투를 이끌었다. 1942년 7월 조선의용대 화북지대가 조선의용군으로 개편되면서 지대장이 됐고, 같은 시기에 결성된 화북조선독립동맹의 중앙위원으로 선출됐다. 일제가 패망하자 김무정, 박일우와 함께 조선의용군을 이끌고 만주로 진출해 부대를 강화, 발전시켰으며, 1945년 김두봉, 한빈 등과 더불어 개인 자격으로 입국해 조선신민당을 결성했다. 1946년 7월과 1948년 3월에 열린 북조선노동당대회에서 각각 중앙위원회 위원으로 선출됐다.

방용필
1916~?

사회주의 운동가. 함경남도 안변에서 태어나 1921년 부모를 따라 원산으로 이주했다. 공립보통학교를 졸업하고 원산상업학교에 다니다가 1년 만에 중퇴했다. 1933년 5월 원산철도사무소에 취직했고, 1937년 1월 철도국에 재직 중 이주하의 지도하에 적색

노동조합운동에 참가했다. 1938년 4월 적색노동조합 원산좌익위원회 결성에 참여하고 총책임자가 됐으며, 7월 원산철도국 관내 철도 노동자들의 대중 단체인 철우회 결성을 주도하고 상임위원장이 됐다. 10월, 일본 경찰에 검거됐다.

방의석
1895~1958
親日

기업인, 정치인, 친일 반민족 행위자. 함경북도 북청에서 태어났다. 1921년 북선자동차상회 사장을 시작으로 북선합동전기주식회사 등 여러 기업의 사장 및 임원을 역임했고, 1930년 민선 함경남도 도평의회 의원으로 선출된 이래 시중회 평의원, 중추원 참의, 조선유도연합회 상임이사, 국민총력조선연맹 이사, 흥아보국단 상임위원 등을 역임했다. 일제강점기, 군사 무기와 각종 헌금, 비행기 등을 기부했다. 1949년 1월 강원도 삼척에서 일본으로 밀항하려다 반민특위에 체포됐고, 반민특위에서 보석과 구속을 반복하다가 8월에 기소유예 처분을 받았다. 1958년 10월 22일 사망했다.

배천택
?~?

독립운동가. 경상북도 대구에서 태어났다. 1909년 국권 회복을 위한 비밀 청년 단체로서 대동청년당을 창립해 지하에서 독립운동을 벌였다. 1910년 만주로 망명해 신흥무관학교의 설립을 돕고 부민단에서 활동했으며, 1919년 3·1운동 후 서간도의 독립군 단체로 서로군정서가 조직되자 참가했다. 1924년 독립군 단체인 정의부를 조직, 간부로 활동했고, 1934년 난징에서 만주의 한국독립당과 통합해 신한독립당을 창당하고 간부로 활동하다 1935년 조선민족혁명당에 참가해 간부로 활동했다. 1937년 7월 일제의 침략으로 중일전쟁이 일어나자, 중국 방송국을 이용해 일본 본토에 대한 일본어 방송과 한국 본토에 대한 한국어 방송을 담당했다. 1963년 대통령 표창, 1991년 건국훈장 애국장 수훈.

백선엽
1920~2020

군인, 정치인, 기업인. 평안남도 강서에서 태어났다. 1941년 만주군관학교를 졸업하고 만주군 소위로 임관, 1943년부터 간도특설대에서 근무하며 반만 항일 항쟁에 나섰던 동북항일연군과 팔로군 토벌작전을 수행했다. 1945년 일본군 무장해제 후 귀국했는데, 고당 조만식의 비서로 잠시 일하다가 월남했고, 12월 군사영어학교 제1기생으로 입학해 이듬해 2월 임관했다. 임관 후 제5연대 중대장, 대대장, 연대장을 거쳐 1949년 제5사단장을 지냈으며, 1950년 제1군단장을 지냈다. 휴전회담

시 한국 측 대표로 나가 휴전 문서에 조인하기도 했다. 1952년 제2군단장을 거쳐 육군 참모총장 겸 계엄사령관이 됐으며, 1954년 군사령관, 1957년 다시 육군 참모총장이 됐다. 1959년 합동참모의장을 지낸 후 1960년 대장으로 예편했는데, 예편과 동시에 주중대사로 발령받았고, 이후 주프랑스대사 겸 네덜란드대사, 벨기에대사 등을 지냈다. 1969~1971년 교통부 장관을 지냈고, 1971년 충주비료 사장에 취임하면서 재계에 진출, 곧 전국경제인연합회 이사, 호남비료 사장을 겸임하다 한국종합화학 사장이 됐다. 1979년 정계에서 은퇴했으며 1980년 한국종합화학 사장직에서도 물러났다.

백흥기
1885~?
親日

친일 반민족 행위자. 경기도 양주군에서 태어났으며, 1908년 대한제국 탁지부 임시재원조사국의 기수를 역임했고, 1921년부터 담양, 여수, 순천군수 등을 역임했으며 1928년 6월 고등관 4등에 올랐다. 1932년 2월 고등관 3등에 올랐고 같은 해 3월 정5위를 내려 받았다. 1932년 10월 일본 정부로부터 국세조사기념장을 받았다. 친일반민족행위 진상규명위원회가 발표한 친일반민족행위 705인 명단에 포함됐다.

서범석
1902~1986
親日

언론인, 정치인, 친일 반민족 행위자. 서울에서 태어났다. 1919년 양정고등보통학교 재학 중 3·1운동에 참여했고, 졸업 후 1921년 중국으로 건너가 1923년 베이징대학 정경과를 수료했다. 1924~1931년 〈조선일보〉, 〈시대일보〉, 〈동아일보〉 기자로 활동했다. 1924년 4월 적기시위사건으로 경찰에 구금됐으며, 1925년 박헌영, 임원근, 신일용 등과 함께 좌익이라는 이유로 〈조선일보〉에서 해직됐다. 1931년 7월 완바오산사건이 발생하자, 이 사건을 적극 취재하는 한편, 중국 현지에서 한인 농민들과 중국인들 간의 충돌을 막기 위해 노력했다. 1933년 8월 친일 조선어 신문인 〈만몽일보〉의 편집국원으로 활동했고, 1936년 친일 단체인 흥아협회의 발기인으로서 기관지《제만조선인통신》의 편집장을 맡아 친일 활동을 전개했다. 해방 후인 1950년 제2대 국회의원 선거에서 경기도 옹진 갑구에 무소속으로 출마, 당선된 데 이어, 1958년 제4대, 1960년 제5대, 1963년 제6대, 1967년 제7대, 1971년 제8대 등 20여 년 동안 민주당, 민중당, 신민당 등 야당 소속의 국회의원으로 당선됐다. 1952년 부산정치파동 때는 국제공산당 혐의로 투옥됐다. 장면 정권 수립 뒤 국회 내무위원장을 맡았고, 1964년 민중당 원내총무로 활동했으며, 1972년의 10월유신 이후 정계를 은퇴했다. 민족문제연구소가 발표한 친일인명사전 수록 명단 해외 부문에 포함됐다.

서병조
1882~1952
[親日]

친일 반민족 행위자. 대구에서 태어났다. 국채보상운동을 시작한 서상돈의 차남이다. 부친 사후 유산을 활용해 경상농공은행, 대동무역주식회사, 조양무진주식회사, 대구제사주식회사, 경북무진주식회사 등을 설립하거나 경영에 참여해 재산을 축적했다. 일제의 지방행정기관 자문 기구였던 대구부협의회 회원과 경북도회 의원을 지냈으며, 1919년 4월 3·1운동을 방해하기 위해 조직된 대구자제단 발기인 겸 평의원을 맡았고, 동민회, 국민정신총동원 조선연맹, 국민총력조선연맹, 흥아보국단, 조선임전보국단 등 각종 친일 단체에서 활동했다. 1924년에 중추원 참의에 임명됐고, 1935년에 총독부가 편찬한 《조선공로자명감》에도 수록됐다. 해방 후 반민특위에 체포됐으며, 2009년 친일반민족행위 진상규명위원회가 발표한 친일반민족행위 705인 명단에 포함됐다.

서중석
1904~?

사회주의 운동가. 강원도 횡성에서 태어났다. 휘문고등보통학교를 중퇴하고, 1926년 사회주의 청년운동 단체인 신흥청년동맹에서 활동했다. 지린성 옌지로 이주해 건원학교 교사가 됐고, 1929년 지린성 판스현에서 결성된 남만청년총동맹 간부가 됐으며, 이후 조선공산당재건설준비위원회에서 활동했다. 1931년 중국공산당에 입당, 동만특별위원회 산하 조선국내공작위원회에서 활동했고, 1931년 2월 국내로 잠입한 이후 조선공산당 재건을 위한 활동과 체포, 석방을 반복했다. 1944년 여운형의 건국동맹과 통일전선결성 문제를 협의했으며, 해방 이후 조선공산당 장안파와 박헌영의 조선공산당 재건파에 합류했고, 1946년 8월 조선공산당과 조선인민당, 남조선신민당의 3당이 합당하여 남조선노동당이 결성되자 '합당 문제에 대하여 당내 동지들에게 고함'을 발표해 박헌영의 분파주의적 당 운영을 비난하고, 11월 여운형이 창립한 사회노동당 중앙위원에 선임됐다. 하지만 11월 북조선노동당이 사회노동당의 분파주의를 비판하자 탈퇴하고 다시 남조선노동당에 합류했다. 1947년 1월 좌익 세력의 통일전선체인 민주주의민족전선 중앙상임위원이 됐다.

성주식
1891~1959

독립운동가, 정치인. 충청남도 온양에서 태어났다. 1907년 중국으로 건너가 1912년 신흥무관학교 전신인 신흥강습소를 졸업하고, 1929년 난징에서 한국혁명당 조직에 참여했다. 1937년 조선민족혁명당 대표 회의에서 김원봉, 지청천, 윤기섭, 신익희, 윤세위, 김상덕, 최동오 등과 함께 위원으로 선출됐다. 1938년 조선민족통일전선 총연맹 결성에 참여했고, 조선의용대 창설에 힘을 보탰으며, 1943년 대한민국임시정부 국무위원이 됐다. 해방 이후 1945년 12월에 귀국, 1946년 2월 민주주의민족전선에 참가하고 12월에 민주주의민족전선 보선의장에 선출됐으며, 허헌, 박헌영, 김원봉, 유영준, 홍남표, 이주하, 이기석 등과 함께 임시집행부로 추대됐고, 1947년 5월 민족혁명당이 인민공화당으로 개칭하자 중앙위원이 됐다. 이후 월북, 북한에서 1948년 8월 제1기 최고인민회의 남조선 대표 대의원, 9월 최고인민회의 상임위원회 위원, 1949년 6월 조국통일민주주의전선 중앙위원회 위원, 1957년 8월 제2기 최고인민회의 대의원, 9월 최고인민회의 상임위원회 위원을 역임했다.

손기정
1912~2002

체육인. 평안북도 신의주에서 태어났다. 소학교 6학년 때 신의주와 만주 안둥현 사이를 달리는 안의육상경기대회에 출전해 어른들을 제치고 5,000미터 달리기 대회에서 우승했다. 이어 1931년 조선신궁대회 5,000미터 달리기에 평안북도 대표로 출전해 우승, 1932년 동아일보사 주최 경영마라톤대회에서 2위를 기록하고 육상 명문 양정고등보통학교로 진학했다. 양정고등보통학교 진학 이후 국내와 일본에서 열린 각종 대회에서 우승을 기록했다. 이어 1935년 3월 도쿄에서 열린 베를린올림픽 파견 후보 제1차 선발전에서 2시간 26분 14초의 세계신기록으로 우승했고, 4월 조선 마라톤 선수권대회에서도 2시간 25분 15초로 우승했으며, 11월에 개최된 메이지신궁대회 겸 올림픽 선발 제2차전에서도 2시간 26분 41초로 우승했다. 다음 해 5월에 개최된 최종전에서는 남승룡 선수에 이어 2위를 기록했다. 이에 일제가 올림픽에 일본 선수를 내보내기 위해 베를린에서 20킬로미터로 최종 평가전을 실시했으나, 역시 1위를 기록해 2위 남승룡과 올림픽 출전권을 얻었다. 1936년 8월 9일 제11회 베를린올림픽 마라톤 경기에서 2시간 29분 19초의 세계신기록으로 우승했다. 〈동아일보〉 이길용, 이상범 기자 등은 1936년 8월 25일 석간에 이 소식과 함께 손기정의 일장기를 지운 사진을 게재하여 이른바 일장기 말소사건이 일어났다. 해방 이후 1948년 대한체육회 부회장, 1963년 육상경기연맹 회장, 1966년부터는 대한올림픽 위원회 상임위원, 제5회 아시아경기대회 한국대표선수단 단장 등을 역임했다. 1981년 9월 독일 바덴바덴에서 88올림픽 서울 유치를 위한 사절단으로 활약했으며, 서울올림픽경기대회 조직위원회 위원으로서 올림픽과의 인연을 이어나갔다. 1970년 국민훈장 모란장 수훈.

송봉우
1900~?

사회주의 운동가. 경상남도 하동에서 태어났다. 서울 중앙고등보통학교를 3학년 때 중퇴하고, 도쿄의 세이소쿠영어학교, 니혼대학 전문부 사회과로 진학했다. 1923년 1월 북성회 집행위원이 됐고, 이후 귀국해 강연 활동을 하다 1924년 4월 조선청년 총동맹 창립총회 중앙집행위원으로 선출된 이후 북풍회와 1925년 조선공산당 창립에 참여했다. 1926년 1월 체포돼 1927년 2월 징역 2년 6월을 선고받았다. 출옥 후 잡지 《비판》 발행을 주관했다. 1934년 7월 '군관학교 학생 파견 사건'으로 다시 체포되기도 했다.

송석하
1915~1999
親日

친일 반민족 행위자. 대전 출신으로 만주국 군관 양성 기관인 펑톈군관학교를 제5기 수석으로 졸업해 만주국 황제로부터 금시계를 받았다. 만주국 소위로 임관하고 항일 무장 세력을 탄압하기 위해 창설된 간도특설대에서 활동했다. 해방이 되자 국군으로 신분을 바꾸었고, 1955년 소장까지 진급했다. 5·16 이후 한국국방연구원장을 역임하는 등 승승장구했으며 사망 이후 국립대전현충원에 안장됐다.

송종헌
1876~1949
親日

친일 반민족 행위자. 경기도 용인 출신으로, 친일 반민족 행위자로서 '한일합방'을 주장한 송병준의 아들이다. 부친 사후 백작 작위와 재산을 상속받고 총독부 중추원 참의를 역임하며 친일 행위를 했다. 조선농업주식회사를 설립하고 상속받은 토지를 관리하면서 용인군 내사면을 무대로 전국적인 위세를 자랑했고, 해방 이후 살던 가산을 정리해 서울로 피신했으나 1948년 반민특위에 체포돼 조사를 받던 중 이듬해 뇌일혈로 사망했다. 2009년 친일반민족행위 진상규명위원회가 발표한 친일반민족행위 705인 명단에 포함됐다.

신석린
1865~1948
親日

친일 반민족 행위자. 서울 출신으로 1896년 오사카시립상업학교에서 조선어 교원으로 재직하다 귀국 후 경무청 총순, 부산항 경무관, 영회원 참봉, 궁내부 참리관, 시종원 시종 등의 관직에 올랐다. 1899년 일본 망명자 안경수, 윤효정과 서신 왕래한 것이 드러나 유배형에 처해지나 1902년 방면되고 1906년 관계에 복귀했다. 1906년 웅천군수, 1908년 창원부윤에 임명됐으며, 1910년 9월 경상남도 참여관에 임명되고, 1911년에는 경상북도 참여관을 역임했다. 1916~1918년 경북 지방 토지조사위원회 위원으로 활동했고, 1919년 3·1운동이 일어나자 그에 대응해 조직된 '대구자제단'에 적극 참여하고 활동한 공로로 1921년 강원도지사에 임명됐다. 1923~1927년 중추원 참의를 지냈고, 1927년 충남도지사로 임명됐으며, 1929년 다시 중추원 참의에 임명돼 해방 때까지 활동했다. 2009년 친일반민족행위 진상규명위원회가 발표한 친일반민족행위 705인 명단에 포함됐다.

신현준
1915~2007
親日

친일 반민족 행위자, 군인. 경북 김천 출신으로 어릴 적 만주로 이주해 하얼빈보통학교를 중퇴하고 관동군 군속으로 지내다 그를 눈여겨본 일본군 장교의 도움으로 1936년 만주국 펑톈군관학교에 입학했다. 졸업 후 만주군 장교로 근무하며 1938년부터 항일조직을 탄압하는 간도특설대 창설 요원으로 참여했다. 1940년 우다카와 요시히토로 창씨개명했다. 1943년부터 기관총 박격포 중대에서 백선엽 소위와 함께 근무했으며, 1944년 3월 대위로 진급하고, 8월 만주국군 보병 제8단 제6연장으로 임명됐다. 당시 보병 제8단에는 박정희가 후배 장교로 복무하고 있었다. 그리하여 박정희를 비롯해 정일권, 백선엽, 이한림, 김석범, 원용덕 등과 함께 이후 국군 내의 대표적인 만주군 인맥을 형성했다. 해방 이후 무장해제당하고 베이징으로 이동해 광복군에 편입됐다가 귀국했으며, 1946년 조선해안경비대에 입대, 대한민국 해군 중위로 임관했고, 인천기지사령관을 거쳐 1948년 진해특설기지 참모장에 임명됐다. 1948년 여수·순천 10·19사건이 일어나자 해군 함정 네 척을 이끌고 여수항 일대를 점령, 저항 세력을 진압했고, 해병대 창설을 건의, 1949년 4월 15일 초대 사령관을 맡았다. 5·16군사정변 후 해병 중장으로 예편했으며, 이후 초대 모로코대사, 초대 바티칸대사, 세계반공연맹 사무총장 등을 역임했다. 2009년 친일반민족위 진상규명위원회가 발표한 친일반민족행위 705인 명단에 포함됐다.

안길
1907~1947

사회주의 운동가. 함경북도 경원 출신으로 어릴 적 만주 훈춘으로 이주해 룽징 대성중학을 중퇴했다. 1932년 중국공산당에 입당했고, 이듬해 항일유격대에 참가해 주로 정치 관계 사업에 종사했다. 1939년 동북항일연군 제1로군 제3방면군 제14단 정치위원이 됐고, 1940년 제3방면군 참모장이 됐다. 1940년 11월 일제를 피해 소수의 유격대를 이끌고 소련 영내로 이동, 이후 수시로 만주를 넘나들며 활동했다. 해방 이후 김일성 등과 함께 북한으로 귀국했다. 조선공산당 북조선분국 함북도당 책임비서, 평남도당 책임비서, 북한 최초의 군사간부 양성소인 평양학원 원장, 보안간부 훈련대대부 총참모장을 역임하고, 1946년 북조선노동당 중앙위원회 위원이 됐다.

안상길
1892~1958

독립운동가, 사회주의 운동가. 경상북도 안동 출신이다. 1915년 대구에서 곡물상을 운영하며 군자금을 대한광복회에 지원했다. 1919년 대한민국임시정부에 참여해 경상도 교통부장으로 임명됐으며, 귀국해 독립 자금을 수집하다 1921년 김재봉과 함께 체포됐다. 출옥 후 1922년부터 노동운동을 전개했고, 1924년 조선노농총동맹 및 조선청년동맹, 1925년 안동에서 창립된 사상 단체 화성회 등에서 활동했다. 1926년 제3차 조선공산당 중앙위원 후보로 선임됐으며, 1927년 신간회 결성에 기여해 안동에 신간회 안동지회를 설립했다. 또한 조선공산당 경북도기관을 설치하고 책임비서가 됐다. 1928년 제4차 조선공산당사건으로 체포돼 징역 4년 6월 형을 선고받았다.

양주삼
1879~?
親日

종교인, 친일 반민족 행위자. 평안남도 용강 출신으로, 1899년 기독교에 입문한 후 미국 밴더빌트대학과 예일대학에서 신학을 공부하고 목사 안수를 받았다. 1915년 귀국해 협성신학교 교수가 됐다. 1919년 서울 종교교회 목사가 됐고, 1930년 조선남·북감리회의를 통합해 초대 총리사가 됐다. 하지만 이후 신사참배를 찬성하고 학도병 지원을 독려하며, 태평양전쟁의 당위성을 역설했다. 결국 반민특위에 체포돼 심문을 받았고, 처벌받지 않고 풀려나 초대 대한적십자사 총재를 맡았으나 한국전쟁 중에 납북됐다. 2009년 친일반민족행위 진상규명위원회가 발표한 친일반민족행위 705인 명단에 포함됐다.

엄항섭
1898~1962

독립운동가, 정치인. 경기도 여주 출신으로 1919년 3·1운동이 일어나자 임시정부에 참여해 국무원 법무부 참사에 임명됐다. 1924년 상하이 한인청년동맹회 발기인, 집행위원, 재정부장을 맡았고, 1926년 헌법기초위원에 선임됐다. 1929년 재중국한인청년동맹 중앙위원이 됐으며, 1931년 상하이 한국교민단의 의경대장을 맡았다. 1932년 임시의정원 의원에 선출되는 한편 한국독립당 선전부장이 됐고, 1941년 외무위원장직을 맡았으며, 1944년 임시정부 국무원 선전부장 및 김구 주석의 판공비서에 임명됐다. 1945년 11월 23일 귀국해 한국독립당 선전부장으로서 김구를 보좌했으며, 1948년 4월 20일 한국독립당 대표단으로 월북해 남북협상에 참여했다. 1950년 한국전쟁 때 납북됐다. 이후 남북협상을 통한 통일 방안을 모색했다. 1956년 재북평화통일촉진협의회 결성대회에서 상무위원 11인과 집행위원 29인 중 1인으로 선임됐다. 1958년 '반당, 반혁명 행위' 혐의로 체포됐으며, 1962년 7월 30일 평양에서 지병으로 사망, 신미리 애국열사릉에 묻혔다. 1989년 건국훈장 독립장 수훈.

오긍선
1878~1963
親日

교육자, 사회사업가, 친일 반민족 행위자. 충청남도 공주 출신이다. 1897년 독립협회 간사를 맡았다. 1900년 배재학당을 졸업하고 미국으로 건너가 1909년 루이스빌의과 대학 졸업 후 귀국, 군산 야소교병원 원장이 됐다. 1912년 세브란스의학전문학교 교수가 됐으며, 1916년 도쿄제국대학에서 피부과를 연구하고 귀국해 경성보육원을 설립했다. 1930년 오스트리아 빈대학에서 피부학을 연구했으며, 1931년 경성양로원을 설립하고, 1934년 세브란스의학전문학교 교장에 취임했다. 1921년 3월 친일 단체인 유민회의 평의원이 됐고, 1924년 내선융화를 목적으로 한 동민회에 참여해 1925년 평의원이 됐다. 1937년 중일전쟁이 발발하자 경성군사후원연맹 부회장이 됐고, 1938년 조선지원병제도축하회 발기인, 1939년 경성부지원병후원회 이사, 국민정신총동원 조선연맹 상임이사, 1940년 국민총력조선연맹 참사 겸 이사, 1941년 흥아보국단 경기도위원, 조선임전보국단 발기인 등을 맡는 등 친일 활동을 벌였으며, 매일신보사 등에 기고를 통해 일제의 침략 전쟁을 옹호했다. 해방 이후 1945년 조선피부비뇨기과 학회 명예회장, 1946년 5월 한국사회사업연합회 이사장으로 추대됐으나 1949년 반민특위에 자수해 취조를 받았다. 1952년 한국사회사업연합회 회장을 맡았다. 2009년 친일반민족행위 진상규명위원회가 발표한 친일반민족행위 705인 명단에 포함됐다. 1962년 대한민국 공익표창, 1963년 건국공로훈장 대한민국장 수훈.

원덕상
1883~1961
親日

친일 반민족 행위자. 서울 출신으로 조선 효종 때의 정승 원두표의 9대손이며, 선공감 감역을 지낸 원세형의 아들이다. 1912년에 지바의학전문학교를 졸업하고 서울에서 덕제의원을 개업했다. 1920년에 경기도 도평의회 평의원에 당선된 이후, 경성부 부협의회 의원 등에 당선됐고, 경성상업회의소 특별평의원 등 일제하에서 여러 직책을 맡았다. 1927년에는 중추원 참의가 됐고, 1945년까지 약 18년 동안 재직했다. 해방 이후 미 군정에서 조선생명보험주식회사 사장으로 취임하는 등 기업인으로 계속 활동했다. 1949년 반민특위에 체포됐으나 기소유예로 풀려났다. 2009년 친일반민족행위 진상규명위원회가 발표한 친일반민족행위 705인 명단에 포함됐다.

유만겸
1889~1944
親日

친일 반민족 행위자. 서울 출신으로 개화사상가 유길준의 아들이다. 1917년 도쿄제국대학 법학부 경제학과를 졸업했으며, 유학 중 일본의 식민지 지배를 문명화라고 주장했다. 1918년 귀국 후 조선총독부 농무과에서 근무했으며, 1920년 경상북도 문경군수, 1922년 경상북도 내무부 사회과장 등을 역임했고, 이후 조선총독부 학무국 종교과장을 거쳐 평안북도 참여관으로 승진했으며, 1932년 조선총독부 학무국 사회과장, 1939년 충북도지사로 근무했다. 1935년 조선총독부가 편찬한《조선공로자명감》에 조선인 공로자 353명 중 한 명으로 수록됐다. 1940년 조선 총독 자문 기구인 중추원 참의에 임명돼 사망할 때까지 활동했으며, 국민총력조선연맹, 흥아보국단 준비위원회, 조선임전보국단 등 친일 단체의 임원으로 활동했다. 2002년 민족정기를 세우는 국회의원 모임이 발표한 친일파 708인과 2009년 친일반민족행위 진상규명위원회가 발표한 친일반민족행위 705인 명단에 모두 선정됐다.

유억겸
1896~1947
親日

친일 반민족 행위자, 교육가. 서울 출신으로 개화사상가 유길준의 둘째 아들이다. 1919년 도쿄제국대학 법학부에 입학했고, 1923년 귀국 후 경성 중앙고등보통학교 교사로 재직하다 연희전문학교 교수로 임용됐다. 이후 연희전문학교 학감을 맡았으며, 조선기독교청년회를 중심으로 각종 사회운동에 참여했다. 1925년 조선사정연구조사회 발기인, 태평양문제연구회 조선지회 위원으로 활동했으며, 1927년 신간회 발기인으로 참여했다. 1934년 연희전문학교 부교장, 1937년 조선체육회 회장으로 선임됐고, 1938년 흥업구락부사건으로 3개월 동안 옥고를 치른 뒤 전향 성명서를 발표하고 기소유예로 가출옥했다. 중일전쟁 이전까지만 하더라도 독립운동 및 사회 활동에 힘썼으나 중일전쟁 이후 친일파로 변절하면서 1939년 시국대응전선사상보국연맹 본부 상임간사, 1941년 흥아보국단 준비위원, 임전보국단 이사 등을 역임했다. 해방 후 한국민주당 창당 발기인으로 참여했으며, 미 군정청 문교부 학무국장과 문교부장에 임명돼 미 군정기 교육 정책을 총괄했다. 2009년 친일반민족행위 진상규명위원회가 발표한 친일반민족행위 705인 명단에 포함됐다. 1962년 교육 부문 대한민국장 수훈.

유진순
1881~1945
親日

친일 반민족 행위자. 평안남도 평원 출신. 1909년 탁지부 소속 재무 주사를 시작으로 한일병합조약 이후 평안북도 위원군수를 비롯해 여러 지역의 군수를 역임했다. 1914년 곽산군수 재임 중 횡령 혐의로 문책을 받기도 했다. 1915년 일본 정부로부터 다이쇼 대례기념장을 받았으며, 1921년 선천군수로 재직 중 '군수시찰단'의 일원으로 일본에 다녀왔다. 이후 평안북도 참여관, 강원도 참여관을 역임하고, 1929년 충남도지사로 승진했으며, 1930년 2월 일본의 사회 교화 단체인 수양단 평의원으로 활동했다. 1932년 5월부터 1945년 사망할 때까지 조선 총독의 자문 기구인 중추원 참의로 재직했으며, 중일전쟁이 시작되자 시국강연대 연사로 활동하며 선전 활동을 벌였다. 친일 단체인 조선유도연합회, 흥아보국단, 조선임전보국단 등에서 활동했고, 1941년부터 국민총력조선연맹의 평의원으로 활동하면서 일제의 침략 전쟁에 협력했다. 2002년 민족정기를 세우는 국회의원 모임이 발표한 친일파 708인과 2009년 친일반민족행위 진상규명위원회가 발표한 친일반민족행위 705인 명단에 모두 선정됐다.

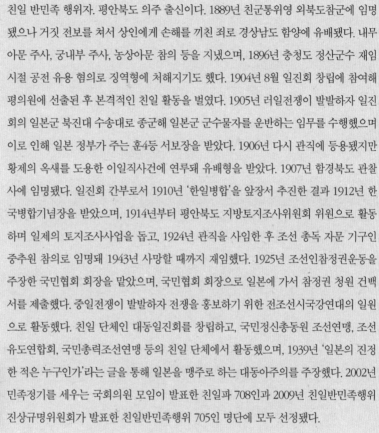

윤갑병
1863~1943
親日

친일 반민족 행위자. 평안북도 의주 출신이다. 1889년 친군통위영 외북도참군에 임명됐으나 거짓 전보를 쳐서 상인에게 손해를 끼친 죄로 경상남도 함양에 유배됐다. 내무아문 주사, 궁내부 주사, 농상아문 참의 등을 지냈으며, 1896년 충청도 정산군수 재임 시절 공전 유용 혐의로 징역형에 처해지기도 했다. 1904년 8월 일진회 창립에 참여해 평의원에 선출된 후 본격적인 친일 활동을 벌였다. 1905년 러일전쟁이 발발하자 일진회의 일본군 북진대 수송대로 종군해 일본군 군수물자를 운반하는 임무를 수행했으며 이로 인해 일본 정부가 주는 훈4등 서보장을 받았다. 1906년 다시 관직에 등용됐지만 황제의 옥새를 도용한 이일직사건에 연루돼 유배형을 받았다. 1907년 함경북도 관찰사에 임명됐다. 일진회 간부로서 1910년 '한일병합'을 앞장서 추진한 결과 1912년 한국병합기념장을 받았으며, 1914년부터 평안북도 지방토지조사위원회 위원으로 활동하며 일제의 토지조사사업을 돕고, 1924년 관직을 사임한 후 조선 총독 자문 기구인 중추원 참의로 임명돼 1943년 사망할 때까지 재임했다. 1925년 조선인참정권운동을 주장한 국민협회 회장을 맡았으며, 국민협회 회장으로 일본에 가서 참정권 청원 건백서를 제출했다. 중일전쟁이 발발하자 전쟁을 홍보하기 위한 전조선시국강연대의 일원으로 활동했다. 친일 단체인 대동일진회를 창립하고, 국민정신총동원 조선연맹, 조선유도연합회, 국민총력조선연맹 등의 친일 단체에서 활동했으며, 1939년 '일본의 진정한 적은 누구인가'라는 글을 통해 일본을 맹주로 하는 대동아주의를 주장했다. 2002년 민족정기를 세우는 국회의원 모임이 발표한 친일파 708인과 2009년 친일반민족행위 진상규명위원회가 발표한 친일반민족행위 705인 명단에 모두 선정됐다.

윤덕영
1873~1940
親日

친일 반민족 행위자. 서울 출신으로, 순종의 비인 순정효황후의 백부다. 1894년 과거에 급제했으며, 1895년 신사유람단의 일원으로 일본에 다녀왔다. 내각총리대신 비서관, 농상공부 참서관, 내부 지방국장, 법부 법무국장 등을 역임했다. 1902년 일본이 경부선 철도 부설에 착공하자 철도원 부총재로 임명됐으며, 1906년 동생 윤택영의 딸이 순종의 비로 책봉된 후 시종원경에 임명됐다. 1908년 이토 히로부미의 후원으로 조직된 대동학회 회원으로 참여했으며, 1909년 이토 히로부미가 사망하자 관민추도회를 발의해 장충단에서 이토 추도회를 열었다. 한일병합조약을 체결하는 어전회의에 참석해 가장 적극적으로 조약을 체결시킴으로써 경술국적으로 지탄을 받았다. 국권피탈에 앞장선 대가로 일본 정부에서 주는 자작 직위를 받았으며, 메이지 일왕의 생일인 천장절 행사에 초대받아 일왕이 주는 주병을 받기도 했다. 순종의 다이쇼 일왕 부부 방문을 추진하고, 일선융화를 위해 왕세자 이은과 일본 황실녀 나시모토노미야 마사코의 결혼을 주장했다. 1925년 7월 중추원 고문에 임명되어 1940년 사망할 때까지 활동했고, 매년 3,000원씩 수당을 받았다. 중일전쟁 발발 후 국방비 헌납, 일본군 위문 활동 등에 참여했고, 1938년 2월 지원병제도 실시를 환영하는 글을 발표했다. 1939년 일본제국의회 귀족원 칙선의원에 임명됐으며, 1940년 8월 중추원에서 조선인으로 최고 지위인 부의장에 올랐다. 2002년 민족정기를 세우는 국회의원 모임이 발표한 친일파 708인과 2009년 친일반민족행위 진상규명위원회가 발표한 친일반민족행위 705인 명단에 모두 선정됐다.

윤상필
1887~?
親日

친일 반민족 행위자. 함경남도 함주 출신이다. 대한제국 말기 관비 유학생으로 선발돼 일본에 유학한 후 군인이 됐다. 1915년 일본 육군사관학교 졸업 후 일본 육군 기병 소위로 임관했으며, 이후 일본 육군 장교로 복무했고, 1931년 만주사변이 발발하자 관동군 사령부에 배치받아 근무했다. 경성에서 일본의 만주 침략을 정당화하는 선전 작업을 했고, 1932년 조선인으로 유일하게 만주국 협화회의 본부 이사로 임명돼 최남선, 이선근 등과 함께 만주국 협화회의 핵심 인물 중 한 명으로 활동했다. 만주국에 근무하면서 일제의 재만 조선인 통제 정책과 항일 무장 세력 탄압 등에 적극 협력했으며, 이러한 공로를 인정받아 만주국 건국공로장, 황제방일기념장 등을 받았다. 2009년 친일반민족행위 진상규명위원회가 발표한 친일반민족행위 705인 명단에 선정됐다.

윤세주
1901~1942

독립운동가. 경상남도 밀양 출신으로, 김원봉과 같은 마을에서 어릴 때부터 친하게 지냈으며, 이후 독립운동을 함께하는 동지가 됐다. 국민학교(현 초등학교) 때 일왕 생일 기념일에 받은 일장기를 화장실에 버릴 만큼 강한 민족의식을 가졌으며, 밀양의 사립학교인 동화중학에 입학하면서 항일 인사인 전홍표 교장의 영향으로 항일 정신을 더욱 키워 나갔다. 학교 내 비밀결사 연무단을 조직해 개천절 기념행사를 열고 시위를 벌였지만, 결국 이 사건으로 동화중학은 폐쇄됐다. 1919년 3·1운동 때 밀양에서 만세운동을 주도하고 일본 경찰의 수배를 피해 만주 지린으로 망명, 만주에서 항일 비밀결사인 의열단을 결성하고 일제의 식민 통치 기관을 폭파할 것을 결의한 후 신철휴, 윤치형 등과 함께 국내에 잠입했다. 이후 거사 시기와 장소를 물색하던 중 일본 경찰에 붙잡혀 1921년 경성지방법원에서 징역 7년 형을 선고받았다. 1927년 출옥 후 독립운동에서 손을 뗀 것처럼 조용히 지내다 중국으로 망명했으며 조직적인 무장투쟁을 위해 중국국민당 정부의 지원 아래 1932년 조선혁명간부학교를 개설했다. 1935년 김원봉과 함께 민족혁명당을 결성했으며, 1938년 산하 군사 조직으로 조선의용대를 조직해 정치위원을 맡았다. 1941년 조선의용대를 이끌고 화베이로 이동해 중일전투에 직접 참가했고, 조선의용대를 조선의용군으로 개칭, 중국 팔로군과 함께 항일 무장 활동을 벌였다. 1942년 중국공산당의 근거지인 타이항산에 대한 일본군의 대대적인 공격에 맞서 비전투 요원들을 보호하고 탈출로를 확보하기 위해 전투를 벌이다 총에 맞아 전사했다. 1982년 건국훈장 독립장 수훈.

윤치영
1898~1996
親日

정치인, 친일 반민족 행위자. 서울 출신으로 1922년 일본 와세다대학 법학과 졸업 후 미국으로 건너가 프린스턴대학, 컬럼비아대학 등에서 수학했다. 미국 유학 시절 재미한인유학생총회 사교부장으로 활동했으며, 하와이 한인회, 대한민국임시정부 구미위원부 등의 간부로 활동했다. 1935년 귀국 후 흥업구락부사건으로 체포됐으며 전향 성명서를 발표하고 석방돼 친일파로 변절했다. 1940년 1월 '황군의 무운장구를 축도함'이란 글을 발표하고, 조선임전보국단, 국민동원총진회 등의 활동을 통해 일제의 침략전쟁에 적극 협력했다. 해방 후 이승만의 비서실장을 시작으로 제1·2·3·6·7대 국회의원에 당선됐으며, 초대 내무장관, 대한국민당 당수 등을 지냈다. 1963년 민주공화당 의장을 맡아 박정희 최고회의 의장을 공화당 대통령 후보로 지명했고, 이후 공화당 총재 상임고문, 서울시장, 국회의원 동우회 회장 등을 지냈다. 1982년 건국포장을 받았으나 사후 친일 행적이 드러나 2011년 국가유공자 서훈이 취소됐다.

이각종
1888~1968
親日

친일 반민족 행위자. 대구 출신이다. 1909년 대한제국 학부위원으로 임명됐으며 일본 와세다대학 유학 후 1911년부터 조선총독부 학무과에서 근무했다. 잠시 병으로 물러났다 1921년 조선총독부에 복귀해 본격적인 황민화운동에 앞장섰다. 강연과 글을 통해 조선인이 살기 위해서는 충실한 황민이 돼야 한다고 역설했으며, 1937년 조선총독부 학무국 촉탁으로 근무할 때 황국신민서사의 문안을 만들었다. 전향자를 중심으로 결성된 대동민우회의 종신고문을 맡아 단체를 이끌어나갔으며 각종 강연회에 참석해 내선일체를 적극 주장했다. 해방 후 반민특위에 체포되나 정신이상 상태가 된 것으로 판정받아 풀려났다. 2002년 민족정기를 세우는 국회의원 모임이 발표한 친일파 708인과 2009년 친일반민족행위 진상규명위원회가 발표한 친일반민족행위 705인 명단에 모두 선정됐다.

이강국
1906~1956

사회주의 운동가. 경기도 양주 출신으로, 1930년 경성제국대학을 졸업하고 1932년 독일로 유학, 베를린법과대학에서 공부했다. 베를린 유학 중 프롤레타리아과학동맹, 혁명적아세아인협회 등의 단체에서 활동하며 독일공산당에 가입했고, 1935년 귀국 후 최용달, 이주하 등과 원산에서 좌익노조를 결성해 활동하다 1938년 체포됐다. 1944년 여운형의 건국동맹에 관여하고, 해방 이후 건국준비위원회에서 조직부장으로 활동했다. 조선인민공화국 인민위원, 민주주의민족전선 상임위원 등으로 활동하던 중 1946년 9월 미 군정의 정책을 비판하는 성명서를 발표하면서 박헌영과 함께 체포령이 내려지자 월북했다. 북한에서 북조선인민위원회 외무국장, 인민군 야전병원장 등을 역임하다 1953년 남로당 숙청 과정에서 체포돼 사형선고를 받고 1956년 사형됐다.

이기찬
1887~1945
親日

친일 반민족 행위자. 서울 출신으로 대한제국 말기 판사로 임명됐다가 1910년 한일병합조약이 체결되면서 조선총독부 소속 판사가 됐다. 조선총독부 중추원 참의를 지냈으며 국민정신총동원 조선연맹 이사와 조선임전보국단 이사를 지내는 등 일제의 침략 전쟁에 적극 협력했다. 2009년 친일반민족행위 진상규명위원회가 발표한 친일반민족행위 705인 명단에 선정됐다.

이길용
1899~?

언론인, 독립운동가. 경상남도 마산 출신으로 일본 유학 후 1918년 귀국해 철도국에서 근무하던 중 1919년 3·1 독립선언서와 임시정부의 기밀문서를 철도편으로 운송하는 책임을 맡아 활동하다 체포됐다. 출감 후 〈동아일보〉에 입사해 체육 기자로 활동했고, 1927년 조선운동기자단을 조직해 운동경기의 전문화에 기여했다. 1932년 8월 로스앤젤레스올림픽 마라톤 경기에 출전한 김은배, 권태하 선수의 골인 사진에서 가슴의 일장기를 지워버렸으며, 4년 후 베를린올림픽 마라톤에서 우승한 손기정 선수의 시상식 사진에서도 일장기를 지워버렸다. 이 사건으로 사직당하고 〈동아일보〉는 정간됐다. 해방 후 일제에 의해 사라진 조선체육회를 부활시켰으며, 체육사를 정리해 《대한체육사》가 발간될 수 있는 기틀을 마련했다. 한국전쟁 때 납북돼 생사가 불명이다. 1989년 한국체육기자연맹에서 이길용체육기자상을 제정해 매년 수여하고 있다. 1991년 건국훈장 애국장 수훈.

이동광
1904~1937

사회주의 운동가. 함경북도 경원에서 태어나 1918년 중국 훈춘으로 이주, 용정중학교에 입학하면서 사회주의 운동에 참여했다. 1926년 동흥중학교에 다니며 학생운동에 적극 참여했고, 1927년 제1차 간도공산당 검거 사건 때 체포됐다가 탈옥하고 반석 일대로 가서 청년운동과 농민운동을 전개했다. 1929년 중국공산당에 가입해 반일투쟁 및 소작료투쟁을 전개했으며, 1932년 반석노농의용군을 창건해 일본군과 전투를 수행했다. 이후 중국공산당 남만성위원회 위원 및 조직부장을 맡아 남만성위원회의 주요 사업을 수행했다. 1937년 홍경현 영릉 황토강가에서 벌어진 동북항일연군과 일본군과의 전투에서 전사했다.

이범익
1883~?
親日

친일 반민족 행위자. 충청북도 단양 출신으로 1902년 관립 한성외국어학교 일어과를 졸업하고, 1904년 러일전쟁이 발발하자 육군 통역으로 발탁돼 참전했다. 1908년 조선의 식민화를 추진하기 위해 일본에서 조직된 동양협회의 한국지부 협찬위원으로 활동했고, '한일병합' 후 춘천, 김해, 칠곡, 예천 등에서 군수를 지내며 일제의 식민 통치에 협력했다. 이후 승진해 강원도지사와 충남도지사가 됐다. 1937년 중일전쟁이 발발하자 만주국 국무원 촉탁으로 파견돼 1940년까지 만주국 간도성장을 지냈으며, 이후에도 만주국의 고위 관리로 활동했다. 간도성장 재직 시절 간도특설대를 설치해 만주 지역 항일운동 세력을 토벌하는 데 적극 앞장섰다. 해방 후 간도 부성장 윤태동과 함께 소련 홍군에 의해 중앙아시아로 강제 이주됐다. 2002년 민족정기를 세우는 국회의원 모임이 발표한 친일파 708인과 2009년 친일반민족행위 진상규명위원회가 발표한 친일반민족행위 705인 명단에 모두 선정됐다.

이석규
1910~1986
親日

친일 반민족 행위자. 일본 출신으로 일진회 회장을 지낸 이용구의 아들이다. 세 살 때 이용구가 죽은 이후 일본에서 성장하다 1937년 귀국해 아버지가 창시한 시천교를 대동일진회로 재발족시키고, 창씨개명을 강권하는 등 친일 행각을 자행했다. 1939년 흑룡회와 함께 '일한합병 공로자 감사 위령제'를 열어 이용구, 송병준, 이완용 등을 기리는 위령제를 지냈다. 해방 후 일본으로 도망가 이용구의 전기를 쓰고 이용구와 한일병합조약 체결을 옹호하는 활동을 했다.

이성재

?~?

친일 반민족 행위자, 언론인. 1933년 〈만몽일보〉 창립위원으로 참여해 이사, 영업국 장 등을 역임했고, 1937~1942년 만선일보사 부사장 및 사장을 역임했다. 1938년 1월 잡지 《재만조선인통신》에 김동한 간도협조회 회장을 추모하는 글을 기고했으며, 1940년 재만조선인교육후원회(만주국 협화회 수도계림분회가 재만 조선인 교육사업을 위해 설치한 기구) 신징 지역 위원을 역임하는 동안 일제의 황민화 교육 정책에 적극 협력했다. 또한 동남지구특별공작후원회(만주국의 조선인 유력자들이 일제의 항일 무장 세력 토벌작전을 지원하기 위해 결성한 단체) 상무위원을 역임하는 동안 일제의 치안숙정 공작과 항일 무장 세력 토벌 부대를 적극 후원하며 〈만선일보〉에 동남 지구 특별공작후원회 활동을 선전하는 기사를 실었고 항일 세력에 대해 투항할 것을 촉구하는 내용의 선전물을 배포했다. 1942년 2월 8일 간도성 조선인들이 모금한 애국기(愛國機) 간도호 두 대를 일본 육군, 일본 해군에 헌납하기 위해 열린 간도호 기금 헌납식에서 축사를 전달하는 등 국민개로운동(일제가 조선인의 근로 보국을 주장하면서 실시한 운동)과 일제의 침략 전쟁에 적극 협력했다.

이제순

1917~1945

독립운동가, 함경북도 길주 출신이다. 1936년 김일성이 설립하고 오성륜 등이 주도한 재만한인조국광복회에 이 단체 공작원으로 파견된 권영벽의 권유로 가입했다. 조국광복회 창바이현위원회 위원장을 맡아 조국광복회 조직 확대 작업을 전개했으나 보천보전투를 수사하던 일제 경찰에 의해 1937년에 있었던 조국광복회 국내와 창바이현 일원의 항일 무장투쟁 지원 그룹 조직이 붕괴되는 혜산사건을 계기로 검거되고 주모자로 몰려 1941년 사형선고를 받았으며, 1945년 3월 사형됐다.

이종은

1885~1967

관료, 친일 반민족 행위자. 강원도 홍천 출신이며, 대한제국의 하급 관료로 관직 생활을 시작했다가 1909년 3월 3일 문관고등전형위원회 시험에 합격한 이후 1910~1920년대에 여러 지역에서 군수 등으로 근무했다. 평안북도 정주군수로 재직 중이던 1922년 3월, 잡지 《조선》에 조선총독부의 내선융화 교육 방침을 선전하는 글을 기고했고 전라북도 참여관으로 재직 중이던 1936년 1월 조선총독부 기관지 〈매일신보〉에 심전 개발에 주력하여 물질 진흥과 심적 교화를 이끌어낼 것을 주장하는 글을 기고하는 등 조선총독부의 시정 방침을 적극 선전했다. 1941년 조선임전보국단 발기인과 평의원, 국민총력조선연맹 평의원을 역임했다.

이주하
1905~1950

사회주의자. 함경남도 북청 출신이다. 이주화로 불리기도 했다. 화전민 마을에서 태어나 1909년 아버지가 의병 활동을 한 것으로 의심받아 가족 모두 원산으로 이주했다. 1917년 보광학교에 입학했고, 3·1운동 때 교사의 유인물 제작을 도왔다가 탄로나자 형이 있던 갑산으로 피신했다. 그 후 원산에서 객줏집 심부름꾼, 일본인 상점 점원, 우편국 배달부 등을 전전했다. 1921년 휘문고등보통학교에 입학하나 3학년 때인 1923년 동맹휴학을 주도한 일로 퇴학당하고, 1924년경 일본으로 건너가 니혼대학 전문부 사회과에서 수학했는데, 이 과정에서 사회주의 사상에 심취했으며 지바에서 공산청년동맹에 참여했다. 같은 해 학비 부담을 견디지 못하고 자퇴한 뒤 귀국했다. 귀국 후 원산 부두에서 화물 운반 날품팔이로 일하며 원산노동연합회 재건에 힘썼고, 1929년 조선공산당 재조직준비위원회에 가입했다. 1931년 정달헌 등과 평양노동연맹 좌익위원회를 조직하고, 태평양노동조합 함경남도 책임위원을 맡았다가 소위 '제1차 태로사건(태평양노동조합사건)'으로 체포돼 징역 5년 형을 선고받고 1936년까지 복역했다. 출옥한 뒤 원산으로 돌아와 적색노동조합운동에 착수했다. 1937년 최용달 등과 원산공산주의자그룹을 결성하나 조직이 노출돼 1938년 이강국 체포 시점부터 1945년까지 약 7년간 지하에서 모습을 드러내지 않고 국내 망명 생활을 했다. 해방 직후인 1945년 8월 원산에서 조선공산당 함경남도 지구위원회와 인민위원회를 결성하고, 9월 조선인민공화국 중앙인민위원에 선임됐으며, 12월 당의 요청에 따라 월남해 1946년 11월 남조선노동당 중앙위원, 12월 민주주의민족전선 중앙위원이 됐다. 1948년 8월 이후 김삼룡과 함께 남로당을 지도했고, 8월 해주에서 열린 남조선 인민대표자대회에서 제1기 최고인민회의 대의원으로 선출됐다. 1950년 3월 안영달의 밀고로 경찰에 체포됐고, 그 뒤 북측에 억류돼 있던 조만식과의 교환 제의가 오가던 중 한국전쟁이 일어나자 김삼룡과 함께 처형됐다.

이준식
1900~1966

군인, 독립운동가. 평안남도 순천 출신이다. 웅, 증손, 진탁, 휘석으로도 불렸으며, 호는 화강이다. 1919년 3·1운동 이후 중국 상하이로 건너가 임시정부에 참여했으며 1921년 윈난성 강무당학교를 제5기로 졸업하고 만주로 가서 대한통의부, 정의부 등에서 활동했다. 특히 정의부에서는 중앙위원과 군사위원장 겸 총사령관을 역임했다. 이후 중국군에 입대해 고급장교를 역임하다 1940년대에는 임시정부 의정원, 군사위원회, 광복군 총사령부에서 활약했다. 해방 이후 국군 창설에 힘써 한국전쟁에 참전하고 1959년 육군 중장으로 예편했다. 1962년 건국훈장 독립장 수훈.

이항구
1881~1945
親日

관료, 친일 반민족 행위자. 서울 출신으로 이완용의 차남이다. 대한제국 시기 관료로 활동했으며, '한일병합' 이후에도 1918년 이왕직에서 주로 활동해 의식과장, 차관, 장관까지 역임했다. 1924년 일본 기원절을 맞아 남작 작위를 받았고,《고종실록》을 편찬할 때 일본인 편찬위원장 밑에서 편찬위원회 부위원장을 맡기도 했다. 1935년 총독부가 편찬한《조선공로자명감》에 조선인 공로자 353명 중 한 명으로 아버지 이완용과 함께 수록돼 있다.

이해승
1890~?
親日

왕족, 친일 반민족 행위자. 서울 출신, 대한제국 황족이자 일제강점기 친일파다. 원래는 왕실과 거리가 먼 종친이었으나 아버지가 철종의 양조카인 이재순에게 입적됨으로써 왕실과 비교적 가까운 왕족이 됐다. '한일병합' 후 황족 자격으로 일본 정부로부터 후작 작위를 받았으며 1925년 4월부터 1945년 8월까지 조선귀족회의 이사 및 회장을 지냈다. 1942년 1월 조선귀족회를 대표해 미나미 조선 총독을 방문, 일본 육군과 해군에 대한 각각 1만 원씩의 국방헌금을 전달했고, 이 외에도 국민정신총동원조선연맹 및 국민총력조선연맹, 조선임전보국단 등에서 친일 활동을 했다. 해방 이후 1949년 7월 반민특위에 의해 체포되나 반민특위가 와해되자 풀려났다.

이희적
1888~?
親日

법조인, 친일 반민족 행위자. 평안북도 신의주 출신으로, 1908년 태극학회와 서우학회 회원으로 활동했으며, 1909년 대한흥학회 회원과 간사, 출판부장을 역임했다. '한일병합' 이후 일본 메이지대학 법과를 졸업했으며, 1916년 1월 26일 조선총독부 재판소 서기 겸 통역생을 시작으로 각 지역 법원 판사로 근무했다. 1922년부터 변호사로 활동했고 1930년대부터 조선총독부 중추원 참의, 흥아보국단 준비위원, 조선임전보국단 발기인 및 평의원을 역임했으며, 1942년 6월 6일 일본 적십자사로부터 유공장을 받았다.

인정식
1907~?
親日

사회주의자, 친일 반민족 행위자, 교육자. 평안남도 용강 출신으로 1925년 도쿄 호세이대학에 입학했다. 이때 고려공산청년회 일본부에 가입했으며, 이후 한림, 강소천, 이우적 등이 결성한 조선공산당 일본총국 위원 및 고려공산청년회 일본총국 책임비서가 되는 한편, 기관지《청년조선》의 편집 책임자가 됐다. 1929년 6월 조선공산당을 재건한 혐의로 체포됐고 치안유지법 위반으로 징역 6년을 선고받았다. 1934년 가출옥한 뒤 1935년 〈조선중앙일보〉 기자가 됐고 마르크스 경제학에 입각해 조선의 경제 및 농업을 연구했다. 1938년 공화계사건 주모자로 체포됐으나 사상 전향을 선언하고 석방됐다. 이후 대륙연구소에서 경제적인 내선일체를 연구하고, 1938년 12월 14일 부민관에서 내선일체를 구현하고 동아협력체를 건설하자는 강연을 했으며, 1945년 7월 20일부터 조선언론보국회에서 개최한 전국 40개 도시 순회강연에서 본토결전과 국민의용대에 관한 강연을 하는 등 친일 단체에 가입해 친일 활동을 펼쳤다. 해방 이후 동국대학교에서 교수로 근무하며 다시 좌익 계열에서 활동하다 보도연맹에 가입하며 재전향했고, 한국전쟁 때 월북했다.

임창수
1892~1960
親日

법조인, 친일 반민족 행위자. 충청남도 연기군 출신이며, 1922년 주오대학 법학과를 졸업한 이후 공주지방법원 소속 변호사로 임명돼 변호사 생활을 시작했다. 1930년대 말 이후부터 시국대응전선사상보국연맹, 국민총력조선연맹, 흥아보국단 준비위원, 조선임전보국단 등에서 간부로 활동했고 1945년 조선총독부 중추원 참의를 역임했다.

장직상
1883~1959
親日

관료, 기업가, 친일 반민족 행위자. 경상북도 칠곡 출신이며, 경상북도 관찰사를 역임하고 박상진 등이 결성한 대한광복회에 의해 처단된 칠곡 부자 장승원의 아들이자 대한민국 국무총리를 역임한 장택상의 형이다. 대한제국 시기와 1910년대 일제 관료로 근무하다 그만둔 이후에는 기업인으로 활동했으며 1930년부터 1945년까지 조선총독부 중추원 참의를 역임했다. 해방 이후에도 계속해서 기업인으로 활동했다.

장헌근
1881~?
親日

경찰, 관료, 친일 반민족 행위자. 서울 출신으로 1910년대에는 조선총독부 및 각 도에서 경찰로 활동했고, 1920년대에는 여러 지역에서 군수 등의 관료로 활동했다. 1938~1945년 조선총독부 중추원 참의로 활동했고, 국민총력조선연맹 이사, 흥아보국단 준비위원, 조선임전보국단 발기인 및 이사 등을 역임했으며, 해방 이후 북조선인민위원회 사법부장을 맡았다. 1960년대 후반에 숙청당한 것으로 추정되며, 정확한 사망 원인은 알려지지 않았다.

장헌식
1869~1950
親日

관료, 친일 반민족 행위자. 경기도 용인 출신이며, 1895년 일본 관비 유학생으로 뽑혀 일본에서 공부했다. 귀국 후 한성부윤 등 관료로 근무했고 1910~1920년대에 도장관, 도지사 등의 관료 생활을 했다. 이후 국민정신총동원 조선연맹 발기인 및 평의원, 국민총력조선연맹 평의원과 조선임전보국단 발기인 등으로 참여했으며, 해방 직전인 1945년 5월 이왕직 장관에 임명됐다.

정인섭
1905~1983
親日

문학인, 친일 반민족 행위자. 경상남도 울주 출신으로 1929년 와세다대학 영문과를 졸업했다. 귀국 후 1946년까지 연희전문학교 교수로 재직했고, 1930~1963년 한글학회 회원, 극예술연구회 동인, 한국민속학회 회원, 한국음성학회 발기인, 제4회 국제언어학자대회 한국 대표 등 다양한 활동을 했다. 1931년 이후 〈산들바람〉, 〈홍초〉, 〈기사의 독백〉 등과 같은 시, 아동극 〈오뚜기〉와 〈챙기통〉, 〈금강산〉 등 대표적인 작품들을 발표했다. 중일전쟁 이후 1939~1942년 조선문인협회 발기인 간사, 상무간사 및 상임간사 등을 역임하면서 지원병 훈련소 1일 입소, 각종 강연, 신궁·신사 근로봉사, 내선 작가 간담회 등에 참여했고, 국민총력조선연맹 문화부 문화위원과 영화기획심의회 심의위원으로 활동하며 식민 통치와 침략 전쟁에 적극 협력했다. 광복 이후 중앙대학교 교수, 영국 런던대학교 교수, 일본 덴리대학 교수 등을 거쳤으며, 1954년 국제펜클럽 한국본부 창설에 발기인으로 참가했다. 이후에도 저술 활동을 이어갔는데, 대표 저작으로 아동문학 《색동저고리》(1962), 수필집 《버릴 수 없는 꽃다발》(1968), 평론집 《Plays from Korea》(1968) 등이 있다.

정태식
1910~?

사회주의 운동가. 충청북도 진천에서 태어났으며, 1929년 청주고등보통학교를 졸업하고, 경성제국대학 법문학부에 재학하면서 사회주의 사상을 접하게 됐다. 1934년 서울에서 적색노동조합 결성을 위해 활동하던 중 치안유지법 위반으로 검거됐고 5년 동안 서대문 형무소에서 복역했다. 이후 박헌영과 함께 경성콤그룹 활동을 했고, 해방 이후 조선공산당 기관지 《해방일보》의 주필이 되고, 전국인민위원회 대표자대회에서 중앙위원에 선출됐다. 1946년 남조선노동당 중앙위원 겸 조사부장에 선임되고, 남조선노동당의 이론가로 활동했다. 한국전쟁 이후 박헌영의 남조선노동당 종파 사건에 연루돼 숙청됐다.

조명희
1894~1938

문인, 사회주의 운동가. 충청북도 진천 출신이며, 1920년 도쿄에서 근대극 연구를 위해 조직한 극예술협회 창립 동인으로 참가했고, 1921년 동우회 순회 극단의 일원으로 희곡 〈김영일의 사〉를 쓰는 등 큰 인기를 모았다. 1923년 〈파사〉라는 역사극을 발표해 현실을 간접적으로 비판하기도 했다. 1920년대 중반 신경향파 작가로 두각을 나타냈고, 카프의 결성과 함께 프롤레타리아 작가로 활약했으며, 단편집 《낙동강》을 저술했다. 조명희의 시는 낭만적 경향을 보였으며, 희곡은 식민지 현실 고발과 인간의 자유평등, 인습 타파가 주 내용이었다. 2019년 건국훈장 애국장 수훈.

조병상
1891~1978
親 日

친일 관료, 친일 반민족 행위자. 선린상업학교를 졸업하고 경인기업 사장, 남대문상업학교 간사 등을 지냈다. 1931년 만주사변 이후 조선총독부와 간도 일본영사관의 후원을 받아 룽징에서 한중연합 항일전선 파괴를 목적으로 민생단을 조직해 활동했고, 1939~1942년 조선총독부 중추원 참의를 지냈다. 1940년 국민총력조선연맹 이사, 1942년 흥아보국단 발기위원, 1945년 대화동맹 이사 등으로 활동했고, 반민족행위처벌법이 제정되면서 1949년 체포됐다.

주기철
1897~1944

기독교인, 개신교 순교자. 경상남도 웅천 출신이며 1921년 평양장로회신학교에 입학한 후 1926년 졸업, 이후 부산 초량교회 목사로 부임했다. 경남 성경학원을 세워 후진 교육에 힘썼으며, 1936년 평양의 산정현교회에 부임하면서 이 교회에 출석하고 있던 민족주의자 조만식, 유계준, 오윤선과 교유하게 됐다. 일제가 교회에 신사참배를 강요하자 강한 반대 입장을 표명했으며, 1939년 경북 의성의 농우회사건에 연루, 검속됐다. 1940년 석방돼 평양으로 돌아온 뒤 산정현교회에서 '다섯 종목의 나의 기도'를 최후로 교인들에게 전했는데, 이 설교사건 이후 다시 검거됐고, 산정현교회 목사직에서 파면당했다. 이후 5년간 감옥에서 고초를 겪다 1944년 감옥에서 병사했다. 1963년 건국훈장 독립장 수훈.

차재정
1902~1963
親 日

사회주의 운동가, 친일 반민족 행위자. 충청남도 논산에서 태어났다. 1917년 인천상업학교를 졸업하고 조선식산은행에 입사했다. 1921년 도쿄로 건너가 세이소쿠영어학교를 졸업하고 1923년에 돌아와 교사 생활을 했다. 1925년 서울청년회에 가입해 사회주의 운동을 시작했고, 1925년 10월 서울콤그룹의 합법단체로 알려진 전진회의 집행위원이 됐다. 1926년 4월 전진회의 협의체인 조선사회단체중앙협의회의 창립준비위원으로 선임됐고, 1927년 조선청년총동맹 중앙상무집행위원이 됐다. 1929년 12월 광주학생운동과 관련해 사회주의 운동을 벌였다는 혐의로 징역 2년을 선고받았다. 1935년 8월 비밀결사 조직 혐의로 다시 체포됐다가 사상 전향하여 친일파로 변절했다. 1936년 내선일체와 황국신민화 등을 목적으로 조직된 친일 문화 단체 대동민우회 창립위원과 이사를 역임하고, 이후 대동민우회와 조선총독부 학무국, 국민정신총동원 조선연맹 등이 주최한 각종 강연회와 좌담회에서 내선일체와 황국신민화를 부르짖는 강연을 했다. 2009년 친일반민족행위 진상규명위원회가 발표한 친일반민족행위 705인 명단에 포함됐다.

최용건
1900~1976

군인, 사회주의 정치인. 평안북도 태천 출신이며, 1918년 정주의 오산중학교에 입학했다. 1919년 3·1만세운동에 가담했다가 투옥된 적이 있고, 이후 학생 시위를 주도하기도 했다. 1925년 중국 윈난군관학교를 졸업하고 황푸군관학교에서 교관으로 재직했으며, 1926년 중국공산당에 입당했다. 이때부터 항일 빨치산 활동에 참여했다. 1936~1939년 동북항일연합군 제7군단장, 제2로군 참모장으로 항일 무장투쟁에 참가했고, 해방 직전 동북항일연군 교도려에서 김일성, 김책, 안길 등과 함께 조선공작단 결성에 가담했다. 이후 김일성과 함께 조선유격대를 이끌었던 2명의 지도자가 된다. 1945년 광복 후 평안남도 자치준비위원회 중앙위원으로 출발, 1948년 인민군 총사령관, 민족보위상을 거쳤다. 한국전쟁이 발발하기 전 김두봉, 김원봉, 박헌영 등과 함께 미군의 개입 가능성을 들어 한국전쟁을 반대하며 전쟁 준비에 미온적인 입장을 취했으나 전쟁 발발 이후 서울방위사령관을 맡았으며 인천상륙작전 전후 인천, 서울 지역의 전투를 지휘했다. 전쟁 이후 최고인민회의 대의원, 국가 부주석 등 북한의 국가 요직을 두루 거쳤다.

최용달
1902~?

사회주의 운동가, 노동운동가. 강원도 양양에서 태어났다. 경성제국대학에 제2기로 입학해 1927년 박문규, 이강국, 유진오 등과 함께 경제연구회에 가입했다. 여기서 공산주의 이론 및 식민지 조선 실정에 대해 공부하고, 1929년 원산 부두노동자 파업 때 진상을 조사, 보고하기 위해 경제연구회 대표로 파견됐다. 광복 직전 여운형의 건국동맹에 참여했고, 광복 이후 건국동맹을 주축으로 조선건국준비위원회 결성에 참여했다. 1945년 9월 백남운 주도로 조직된 조선학술원 상임위원을 역임하다 월북해 북조선인민위원회에서 활동했으며, 조선노동당 결성에도 참여했다.

최준집
1893~1970
親日

친일 관료, 친일 반민족 행위자. 강원도 강릉에서 태어났으며 강원도 도의원으로 지방 정계에 입문, 1936년부터 중추원 참의로 활동했다. 일본에 비행기를 헌납해 1935년 조선총독부가 편찬한 《조선공로자명감》에 수록됐고, 1937년 중일전쟁 발발 직후 자신의 회갑연을 취소하고 국방헌금으로 1,000원을 납부한 사실이 〈매일신보〉에 보도됐다. 1941년 친일 단체 흥아보국단의 강원도 단장을 맡았으며, 2009년 친일반민족행위 705인의 명단에 포함됐다.

한규복
1881~1967
親日

관료, 친일 반민족 행위자. 한성부 평동에서 태어났으며 1900년 와세다대학 정치경제과 재학 중 1903년 귀국해 대한제국 관리 생활을 시작했다. 일제의 강제병합조약 체결 이후 조선총독부 토지조사국 감사관에 임명됐고, 이후 진주군수 및 동래군수, 충북도지사로 근무했다. 일제 고위 관료로서 식민 통치에 협력한 공로로 많은 훈장을 받았으며, 1933~1945년 조선총독부 중추원 참의로 있으면서 전쟁 위문 행사와 국방헌금 모집을 위한 시국 강연회에 참여했다. 1938~1940년 친일 단체 동민회의 이사와 부회장으로 활동했으며, 1941~1942년 조선임전보국단의 이사장과 부단장으로 활동하면서 〈매일신보〉에 침략 전쟁을 찬양하고 전쟁 협력을 선동하는 여러 편의 글을 발표했다. 해방 이후 1949년, 자수하는 편지를 서울역 광장에서 발표하고 반민특위에 자수했다. 이 점이 감안되어 구속되지 않았고, 출두 형식으로 조사를 받고 기소유예 처분을 받았다. 이후 기업 활동과 언론인, 칼럼니스트로 활동했다.

한상동
1901~1976

신학자, 독립운동가. 경상남도 김해 출신으로 1928년 목회자가 될 것을 결심, 피어선기념성서학원에서 신학 수업을 하고 1933년 평양장로회신학교를 졸업했다. 1938년 부산 초량교회에서 "조선총독부는 정의 및 신의에 위반한 우상인 신사참배를 강요하니 오등은 굴하지 말고, 절대로 참배해서는 못쓴다"고 신사참배 반대 설교를 했다. 이때부터 경남교회의 신사참배거부운동이 본격적으로 시작됐다. 이후 경남 지역 목회자들과 함께 부산, 마산, 밀양 등지에서 신사참배반대운동을 조직적으로 전개하다 1940년 검속을 당할 때 체포돼 옥고를 치렀다. 광복 이후 출옥, 이기선 목사 등과 함께 평양 산정현교회를 재건하기 위해 노력했으나 공산당의 방해를 받자 월남했다. 부산에서 신학교 설립을 추진하고 있던 주남선, 박윤선 등과 함께 신학 강좌를 개최했고, 이것이 고신대학의 시작이 됐다. 1969년 고려신학교 제9대 교장에 취임했고, 1970년 고려신학대학으로 승격됐을 당시 초대 학장에 취임하는 등 신학교 및 교단 발전에 진력했다.

한창걸
1892~?

사회주의 운동가. 연해주에서 태어나 러시아에서 고등보통교육을 이수하고 1916년까지 독일전선에 참가했다. 1918년 제대한 후 올가군 니콜라예프카 마을로 이주했고, 이곳에서 조직된 소비에트의 회장으로 선출됐다. 1920년 이후 러시아공산당에 입당했으며, 빨치산 부대를 조직했다. 1922년 노령에 흩어져 있는 한일 빨치산 부대를 망라해 고려혁명군정청이 구성되자 위원이 됐다.

현영섭
1906~?
親日

문인, 친일 반민족 행위자. 서울에서 태어났다. 교육자 출신으로 조선총독부 관료와 중추원 참의를 지낸 현헌의 아들이다. 경성제국대학 졸업 이후 백정기 등이 활동하던 남화한인청년연맹에 가입해 무정부주의 운동을 벌였다. 1935년 일본에서 치안유지법 위반으로 투옥됐다가 출소한 후, 친일파로 전향했다. 1936년《조선급만주》에 조선어 폐지, 조선인 생활의 일본화, 내선 결혼 등을 주장하면서 내선일체를 일관되게 강조했다. 1937년 녹기연맹에 가입해 연구원, 이사를 맡았고, 1937년《북지사변과 조선》을 통해 일본의 중국 침략 정당성과 중일전쟁 이후 내선일체의 중요성을 강조했다. 이 책은 조선총독부 주도로 수만 부가 배포됐다. 1940년 김동환, 이광수 등과 함께 황도학회를 결성해 이사가 됐으며, 1943년 국민총력조선연맹에서 활동했다. 해방 이후 일본으로 도피해 일본 주재 미국대사관에서 근무했다. 1949년 반민특위에서 불구속 송치됐다.

홍순의
1890~1959

종교인, 독립운동가. 황해도 은율에서 태어났다. 3·1독립운동이 일어나자 은율군의 천도교구 천일기념식을 이용해 만세운동을 지휘했다. 1933년 천도교 구파에서 축왜독립의 한 방법으로 멸왜기도를 추진하자 황해도 내에 기도문을 작성, 배부했다. 1937년 중일전쟁 발생 이후 독립운동자금을 모금했고, 항일운동을 전개하다 1938년 치안유지법 위반으로 검거됐다. 1990년 건국훈장 애족장 수훈.

홍승균
1885~1948
親日

친일 관료, 기업인, 친일 반민족 행위자. 충청남도 천안에서 태어났다. 1910년 한일 강제병합 당시 고성군수로 재임하고 있었다. 1912년 일본으로부터 한국병합기념장을 받았고, 1919년 3·1운동 당시 도쿄 유학생 오명진 등이 독립선언서를 먼저 군수에게 전달하자 이를 일본 헌병대에 밀고해 전원을 체포하게 했다. 1921년 조선총독부 내무국 사무관, 민정시찰관으로 활동했고, 1929년 충북도지사, 1931년 전북도지사를 역임했다. 관직에서 물러난 이후 정미업에 종사하면서 만주를 무대로 활동했으며, 1937년 이후 국책회사나 군수회사의 임원을 맡았다. 1945년 전쟁 협력 단체인 대화동맹의 심의원과 조선국민의용대 경기도 사령부 차장을 맡았다.

대동민우회 약법

(1936년 9월, 일부)

제1장 총칙

제1조 본회는 대동민우회라고 칭한다.

제2조 본회는 본회의 강령에 의거하여 조선에서의 공산주의 및 민족자결의 운동을 청산하고 국민정신을 철저히 하고 국민적 지위의 향상 확보를 도모함으로써 근상일가權彙一家 이상의 실현을 목적으로 한다. 위 항의 근상일가의 이상이란 특히 다음과 같은 본질을 지닌다.

  1. 내선 양 민족은 항상 도의적으로 서로 신뢰하고 대국가, 대국민으로서의 새로운 사상을 추구하여 완전한 결합 강화를 궁극적인 목적으로 한다.

  2. 그 전제로서 총독정치를 적극적으로 지지하고 그 철저와 합리화를 통해 조선인의 향상 발전을 기구쇼求한다.

  3. 이렇게 황도의 정화精華를 기조로 하는 대문화를 결성 발양하여 모든 동아 인류의 복지를 위해 공헌하는 것을 의도한다.

제3조 본회는 다음 사업을 실행한다.

  1. 사상 전향자의 보호 사업

  2. 심전개발心田開發, 농산어촌 진흥 운동의 조성 및 합리화 사업

  3. 일반 생활개선에 관한 사업

  4. 회원의 친목호조에 필요한 사업

  5. 기타 강령, 목적의 실현에 필요한 사업

제5조 본회의 회원은 연령 25세 이상에 달하고 독립적인 생계를 영위하는 조선인으로 다음 각호의 하나에 해당하는 자에 한정한다.

  1. 1년 이상 사회운동 기타 민중운동에 종사한 자로서 완전히 사상을 전향한 자

  2. 1년 이상 사회교화사업 또는 국민운동에 종사한 자

  3. 정치 경제 및 문화에 관한 학식 또는 경험이 풍부한 자

조선사상범보호관찰령

(1936년)

　　사상범의 보호관찰에 관해서는 사상범보호관찰법 제11조 제2항, 제12조 및 제14조의 규정을 제외한 그 외에는 동법에 의한다. 다만 동법 중 '보호관찰소'는 '조선총독부 보호관찰소', '보호관찰심사회'는 '조선총독부 보호관찰심사회', '보호사'는 '조선총독부 보호관찰소 보호사', '비송사건수속법'은 '조선민사령'에 의해 정해진 것을 '비송사건수속법'으로 한다.

　　보호관찰의 시행에 관해 필요한 사항은 조선 총독이 정한다.

사상범보호관찰법

(1936년)

　　제1조 치안유지법의 죄를 범한 사람에 대해 형의 집행유예의 언도가 있을 경우 또는 소추가 필요하거나 공소를 제기할 경우에 있어서는 보호관찰심사회(조선총독부 보호관찰심사회)의 결의에 의해 본인을 보호관찰시킬 수 있다. 본인이 형의 집행을 끝내거나 또는 가출소를 허가받은 경우에도 같다.

　　제2조 보호관찰은 본인을 보호하여 다시 죄를 범할 위험을 방지하기 위하여 사상 및 행동을 관찰하는 것이다.

　　제3조 보호관찰은 본인을 보호관찰소의 보호사(조선총독부 보호관찰소의 보호사)의 관찰에 두거나 또는 보호자의 인도 혹은 보호 단체, 사원, 교회, 병원 기타 적당한 사람에게 위탁하여 이를 행한다.

　　제4조 보호관찰에 해당하게 된 사람에 대해서는 거주, 교우 또는 통신의 제한, 기타 적당한 조건의 준수를 명할 수 있다.

　　제5조 보호관찰 기간은 2년으로 한다. 특별히 계속할 필요가 있는 경우에는 보호관찰심사회의 결의에 의하여 이를 갱신할 수 있다.

제6조 제1조에서 정한 사유가 아닌 경우에도 필요한 때는 본인에 대해 보호관찰심사회의 결의 전 임시로 제3조의 처분을 할 수 있다.

제12조 소년으로서 치안유지법의 죄를 범한 사람에게는 소년법의 보호처분에 관한 규정을 적용하지 아니한다.

제14조 보호관찰소 및 보호관찰심사회의 조직 및 권한 그리고 보호관찰의 실행에 관하여 필요한 사항은 칙령으로 정한다.

황국신민서사
(1937년)

성인용

1. 우리는 황국신민皇國臣民이다. 충성으로써 군국君國에 보답하련다.

2. 우리 황국신민은 신애협력信愛協力하여 단결을 굳게 하련다.

3. 우리 황국신민은 인고단련忍苦鍛鍊 힘을 길러 황도를 선양하련다.

아동용

1. 우리들은 대일본 제국의 신민臣民입니다.

2. 우리들은 마음을 합하여 천황 폐하에게 충의를 다합니다.

3. 우리들은 인고단련하여 훌륭하고 강한 국민이 되겠습니다.

한국광복운동단체연합선언

(1937년, 일부)

一. 강력한 광복전선光復戰線을 건립하고, 이를 확대해야 한다. 광복전선을 통일 강화하기 위해서는 반드시 동일한 주의主義의 각 단체를 구성하고 조직해야 한다. 각 방면의 정예분자를 집합하여 일면 당면한 실제 공작을 집행하고 일면 우리 민족전선의 반동 세력 및 가장된 민족운동 단체나 개인을 엄격히 선별해야 한다.

一. 모두가 힘을 합쳐 모든 중요한 당면 공작을 실행해야 한다. 진정한 통일은 형식에 있지 않고 실질에 있다. 근년 이래 우리들은 통일을 절규하였다. 한두 번에 그치지 않았으나, 결국 수포로 돌아갔다. 그 원인을 생각해보니, 근본적인 문제를 회피하고 지엽적인 데로 나아갔기 때문에 헛됨이 많았고 실질적인 성과가 적었던 것이다.

잡색분자雜色分子가 그 틈을 타 소란을 피웠으나, 끝내 이를 구하지 못하였다. 이로부터 다시 전철을 밟지 않을 수 없었다. 각파로 하여금 정성을 집중하고, 우의를 돈독히 하고, 신뢰를 증대하도록 힘씀으로써, 무릇 족히 통일을 강화하고 발휘하도록 진력하지 않을 수 없었다. 맹세컨대 금일 우리는 신국면의 조성을 위해 함께 나아가는 데 협력하여야 한다.

一. 임시정부를 옹호 지지하여야 한다. 임시정부는 우리 3천만 민중의 심혈로써 만들어진 것으로, 3·1운동의 정맥正脈이며, 지사 선열들의 유업遺業이고, 민족의 공기公器이므로 이를 지지, 옹호하는 것은 당연한 민족운동의 위대한 임무이다. 혁명 과정 중에는 반드시 그 존엄성과 필요성을 인식하여, '장엄한 대일 최고 기관', '민족국가를 대표하는 민족정신', '정치 법률을 실행하는 중대 사명'으로 삼아야 한다.

조선민족전선연맹의 기본 강령과 투쟁 강령

(1937년)

기본 강령

① 일본 제국주의를 타도하고 조선 민족의 진정한 민주주의 독립국가를 건설한다.

② 국민의 언론, 출판, 집회, 결사, 신앙의 자유를 확실히 보장한다.

③ 일본 제국주의자와 매국적, 친일파의 일체 재산을 몰수한다.

④ 근로대중의 생활을 개선한다.

⑤ 국가 경비로써 의무교육 및 직업교육을 실시한다.

⑥ 정치 경제 사회상 남녀의 평등 권리를 확보한다.

⑦ 조선 민족 해방운동을 동정하고 원조하는 민족과 국가에 대해 동맹을 체결하거나 우호 관계를 맺는다.

투쟁 강령

-. 일본 제국주의 통치 세력의 근본 박멸

① 전국적 총폭동을 조직하고 군사행동의 실시를 준비한다.

② 폭력을 사용하여 왜적 이주민을 구축한다.

③ 조선 내 왜적의 모든 공·사유 재산을 몰수한다.

④ 조선 내 왜적의 정치 경제 및 기타 모든 지배 세력을 근본적으로 박멸한다.

-. 전 민족적 반일 통일전선 건립

⑤ 조선 민족은 소수의 친일파 주구를 제외하고 각 정치 단체, 군중 단체 및 개인을 막론하고 일치단결하여 전 민족적 반일 통일전선을 건립한다.

⑥ 전 민족적 반일 통일전선을 반대하는 모든 경향을 적극 배격한다.

⑦ 전 민족적 반일 통일전선은 민주 집권제를 채용한다.

-. 전 민족 혁명 총동원

⑧ 전국 농민을 동원하여 왜적 지주 및 그 이주민을 구축하는 운동과 납세를 거절하는 운동을 전개한다.
⑨ 전국 노동자, 특히 왜적의 군수공장, 수전, 광산 및 각종 교통기관 속에 고용되어 있는 노동자를 동원하여
   태업 파업 및 왜적의 모든 공업 시설을 파괴하는 운동을 전개한다.
⑩ 학생 지식층 및 문화인을 동원하여 적극적으로 민족문화를 발양하고 왜적의 노예교육을 박멸한다.
⑪ 전국 각 종교 단체를 동원하여 민족해방투쟁에 참가하도록 한다.
⑫ 전국 부녀를 동원하여 민족해방투쟁에 참가하도록 한다.

-. 군사행동의 적극적 전개

⑬ 국외 각지의 민족 무장 부대를 연합시켜 통일적 민족 혁명 군대를 조직하고 민족해방투쟁을 실행한다.

-. 중국 항일 전쟁에 참가

⑭ 국내에서는 왜적의 후방교란 및 무장투쟁을 실행하고 동북에서 항일 반만 공작에 참가하며, 중국 관내에
   서는 직접 중국의 항전에 참가한다.

-. 세계 모든 반일 세력 연합

⑮ 중국 민족, 대만 민족 및 소련을 최대의 반침략 반일 세력으로 삼아 이들과 긴밀하게 연합한다.
⑯ 모든 반침략 진선陣線 국가 및 세계반침략운동회와 긴밀한 연계를 맺는다.

-. 자치운동, 타협주의, 친일파 등의 내간內奸 숙청

⑰ 자치운동 및 참정권운동을 박멸한다.
⑱ 친일파가 조직한 시중회 아세아협회 등 모든 반동 단체를 박멸한다.
⑲ 왜적의 모든 주구를 승제乘除한다.
⑳ 중국 경내의 밀수업자, 위금독품상違禁毒品商 등 불량분자를 숙청한다.

국가총동원법

(1938년, 일부)

제1조 본 법에서 국가총동원이란 전시(전쟁에 준하는 사변의 경우를 포함. 이하 동일)에 국방 목적 달성을 위해 국가의 전력을 가장 유효하게 발휘하도록 인적, 물적 자원을 통제 운용하는 것을 가리킨다.

제2조 본 법에서 총동원 물자란 다음을 말한다.

    1. 병기, 함정, 탄약, 기타 군용물자

    2. 국가총동원상 필요한 피복, 식량, 음료 및 사료

    3. 국가총동원상 필요한 의약품, 의료 기계 기구, 기타 위생용 물자 및 가축 위생용 물자

    4. 국가총동원상 필요한 선박, 항공기, 차량, 말, 기타 수송용 물자

    5. 국가총동원상 필요한 통신용 물자

    6. 국가총동원상 필요한 토목건축용 물자 및 조명용 물자

    7. 국가총동원상 필요한 연료 및 전력

    8. 전 각호에 드는 물품의 생산, 수리, 배급 또는 보존에 필요한 원료, 재료, 기계 기구, 장치, 기타 물자

    9. 전 각호에 드는 물품을 제외하고 칙령으로 지정한 국가총동원상 필요한 물자

제3조 본 법에서 총동원 업무란 다음을 가리킨다.

    1. 총동원 물자의 생산, 수리, 배급, 수출, 수입 또는 보관에 관한 업무

    2. 국가총동원상 필요한 운수 또는 통신에 관한 업무

    3. 국가총동원상 필요한 금융에 관한 업무

    4. 국가총동원상 필요한 위생, 가축 위생 또는 구호에 관한 업무

    5. 국가총동원상 필요한 교육 훈련에 관한 업무

    6. 국가총동원상 필요한 시험 연구에 관한 업무

    7. 국가총동원상 필요한 정보 또는 계발 선전에 관한 업무

    8. 국가총동원상 필요한 경비에 관한 업무

    9. 전 각호에 드는 것을 제외하고 칙령으로 지정한 국가총동원에 필요한 업무

제4조 한국 정부는 전시에 국가총동원상 필요한 경우에는 칙령이 정하는 바에 따라 제국 신민을 징용하여 총동원 업무에 종사시킬 수 있다. 단, 병역법의 적용을 방해하지 않도록 한다.

제5조 한국 정부는 전시에 국가총동원상 필요한 경우에는 칙령이 정하는 바에 따라 제국 신민 및 제국 법인, 기타 단체가 국가, 지방 공공단체 또는 한국 정부가 지정하는 자가 행하는 총동원 업무에 협력하게 할 수 있다.

제6조 한국 정부는 전시에 국가총동원상 필요한 경우에는 칙령이 정하는 바에 따라 종업자의 사용, 고용 또는 해고 또는 임금, 기타 노동조건에 대하여 필요한 명령을 할 수 있다.

제7조 한국 정부는 전시에 국가총동원상 필요한 경우에는 칙령이 정하는 바에 따라 노동쟁의의 예방 또는 해결에 관하여 필요한 명령을 하거나 작업소의 폐쇄, 작업 또는 노무의 중지, 기타 노동쟁의에 관한 행위의 제한 또는 금지를 할 수 있다.

제9조 한국 정부는 전시에 국가총동원상 필요한 경우에는 칙령이 정하는 바에 따라 수출 또는 수입의 제한 또는 금지를 하고, 수출 또는 수입을 명령하며 수출세 또는 수입세를 부과하거나 수출세 또는 수입세를 증과 또는 감면할 수 있다.

제13조 한국 정부는 전시에 국가총동원상 필요한 경우에는 칙령이 정하는 바에 따라 총동원 업무인 사업에 속하는 공장, 사업장, 선박, 기타 시설, 또는 이로 전용할 수 있는 시설의 전부 또는 일부를 관리, 사용 또는 는 수용할 수 있다.
한국 정부는 전항에 든 것을 사용 또는 수용하는 경우에 있어서 칙령이 정하는 바에 따라 그 종업자를 제공하게 하거나 해당 시설에 있어서 현재 실시하는 특허발명 또는 등록실용신안을 실시할 수 있다.
한국 정부는 전시에 국가총동원상 필요한 경우에는 칙령이 정하는 바에 따라 총동원 업무에 필요한 토지 또는 가옥 기타 공작물을 관리, 사용 또는 수용하거나 총동원 업무를 수행하는 자에게 이를 사용 또는 수용하게 할 수 있다.

제16조 한국 정부는 전시에 국가총동원상 필요한 경우에는 칙령이 정하는 바에 따라 사업에 속하는 설비의 신설, 확장 또는 개량을 제한 또는 금지하거나 총동원 업무 사업에 속하는 설비의 신설, 확장 또는 개량을 명령할 수 있다.

제19조 한국 정부는 전시에 국가총동원상 필요한 경우에는 칙령이 정하는 바에 따라 가격, 운송비, 보험료, 임대료 또는 가공비에 관하여 필요한 명령을 할 수 있다.

제20조 한국 정부는 전시에 국가총동원상 필요한 경우에는 칙령이 정하는 바에 따라 신문지, 기타 출판물의 게
재에 대하여 제한 또는 금지를 할 수 있다.

한국 정부는 전항의 제한 또는 금지를 위반한 신문지, 기타 출판물에 대하여 국가총동원상 지장이 있는 것의 발
매 및 배포를 금지하고 이를 압류할 수 있다. 이 경우에는 또한 원판을 압류할 수 있다.

국민정신총동원 조선연맹 규약
(1938년 6월, 일부)

제1조 본 연맹은 국민정신총동원 조선연맹이라 칭한다. 본 연맹의 사무소는 당분간 조선총독부 내
에 둔다.

제2조 본 연맹은 내선일체, 거국일치, 국민정신총동원의 취지의 달성을 꾀하는 것을 목적으로 하고,
본 취지에 찬동하는 조선의 각종 단체 및 개인으로 조직한다.

제3조 본 연맹은 전조의 목적을 달성하기 위해 아래와 같은 사업을 한다.
  1. 강연회, 좌담회 등의 개최 또는 강사의 알선 및 파견
  2. 인쇄물의 제작 배포
  3. 가맹단체 및 개인 상호간의 연락 조성 및 가맹단체 이외의 제 단체 및 본 운동 실시 기관의
     활동 원조
  4. 기타 전조의 목적을 달성하기 위해 필요한 사업

제4조 본 연맹은 본 운동에 관해 당국의 자문에 응하고 당국에 건의하도록 해야 한다.

제5조 본 연맹 설립 후 가맹하려는 자는 이사회의 승인을 얻어야 한다.

제6조 본회는 조선총독부 정무총감을 명예총재에 추대한다. 본회에 고문 약간 명을 둔다.

국민정신총동원 조선연맹 선언
(1938년 6월, 일부)

동양 평화를 확보하고 팔굉일우의 대정신을 세계에 앙양하는 것은 제국 부동의 국시國是이다. 우리는 이에 일치단결 국민정신을 총동원하고 내선일체 전 능력을 발양하여 국책의 수행에 협력함으로써 성전聖戰 궁극의 목적을 관철시킬 것을 기한다.

국민징용령
(1939년, 일부)

제1조 국가총동원법 제4조 규정에 기초한 제국 신민의 징용은 별도로 정한 것을 제외한 그 외 본령으로 정한 바에 따른다.

제2조 징용은 특별한 사유가 있는 경우 외에 직업소개소의 직업 소개 기타 모집 방법에 의해 소요 인원을 모을 수 없는 경우에 한하여 이를 행하는 것으로 한다.

제3조 징용은 국민직업능력신고령에 의한 요要 신고자 (이하 요신고자라 칭함)에 한하여 이를 행한다. 다만, 징용 중 요신고자가 아니게 된 사람을 계속 징용할 필요가 있는 경우에는 그러하지 아니한다.

제4조 본령에 의해 징용된 사람은 국가가 행하는 총동원 업무에 종사하도록 한다.

제5조 징용 및 징용 해제는 후생대신의 명령에 의해 이를 실시한다.

제6조 총동원 업무를 행하는 관아(육해군 부대 및 학교 포함. 이하 동일)의 소관대신이 징용에 의해 해당 관아의 인원으로 배치가 필요하다고 인정되는 때는 후생대신에게 이를 청구해야 한다.

제9조 지방장관은 징용할 만한 사람의 거주 및 취업 장소, 직업, 기능 정도, 신체 상태, 가정 상황, 희망 등을 참작해 징용 적부適否와 함께 종사할 만한 총동원 업무, 직업 및 장소를 결정해 징용령서를 발해야 한다.

제10조 지방장관은 징용 적부, 기타 판정하기 위해 필요가 있는 때는 징용할 만한 사람에 대해 출두를 요구할 수 있다.

제12조 피징용자를 사용하는 관아의 소관대신이 피징용자가 종사하는 총동원 업무, 직업 혹은 장소 또는 징용 기간에 대해 변경을 필요로 하는 때는 후생대신에게 이를 청구해야 한다.

제13조 후생대신이 전조 규정에 의한 청구가 있는 경우에 필요하다고 인정되는 때는 피징용자가 종사하는 총동원 업무, 직업 혹은 장소 또는 징용 기간을 변경할 수 있다.

조선민사령 중 개정 건

(1939년)

제11조 ① 조선인의 친족 및 상속에 관해서는 별단의 규정이 있는 것을 제외한 그 외는 제1조의 법률에 의하지 아니하고 관습에 따른다. 다만, 씨氏, 혼인 연령, 재판상 이혼, 인지, 재판상 이연, 서양자婿養子 결연의 경우에 있어서 혼인 또는 결연이 무효가 된 때나 취소된 때의 결연 또는 혼인 취소, 친권, 후견, 보좌인, 친족회, 상속의 승인 및 재산 분할에 관한 규정은 그러하지 아니하다. 〈개정〉

② 분가, 절가재흥絶家再興(대가 끊겨 사라진 일가를 다시 살림), 혼인, 협의상 이혼, 결연 및 협의상 이연은 부윤 또는 면장에게 신고함으로 효력이 발생한다. 다만, 유언에 따른 결연에 대한 신고는 양친養親의 사망 시로 소급해서 효력이 발생한다.

③ 씨는 호주(법정대리인이 있는 때는 법정대리인)가 정한다. 〈신설〉

제11조의 2 ① 조선인의 양자 결연에 있어서는 양자는 양친과 성을 같이할 것을 요하지 아니한다. 다만, 사후 양자의 경우에 있어서는 그러하지 아니한다.

② 서양자 결연은 양자 결연의 신고와 동시에 혼인신고를 함으로 효력이 발생한다.

③ 서양자는 처가로 들어간다.

④ 서양자가 이연 또는 결연의 취소로 인해 그 가를 떠나도 가녀家女의 직계비속은 그 가를 떠나지 아니하며 태아가 태어난 때는 그 가로 들어간다. 〈신설〉

부칙

본령 시행기일은 조선 총독이 정한다.

조선인 호주(법정대리인이 있는 때는 법정대리인)는 본령 시행 후 6개월 이내에 새로 씨를 정해 부윤 또는 읍 면장에게 신고할 것을 요한다.

전항의 규정에 따라 신고를 하지 아니하는 때는 본령 시행 시의 호주의 성姓을 씨로 한다. 다만, 일가 창립하지 아니한 여자 호주인 때나 호주 상속인이 분명하지 아니한 때는 전前 남자 호주의 성을 씨로 한다.

위특설부대(간도특설대) 조직 활동 중 일부

　　간도성 특설대는 일제의 삼광정책三光政策을 충실하게 집행하고 '소탕' 활동을 적극적으로 조직하였으며 모든 야만적이고 잔인한 수단을 이용하여 항일연군과 기타 애국 항일 조직에 무자비한 진압을 감행하였고 '토벌' 중에서 애국 항일 지사와 무고한 주민들을 대량으로 사살하여 수많은 비참한 학살사건을 빚어내었다. 동시에 항일 유격 지역의 주민들에 대하여 체포, 방화, 강간, 약탈 등 죄악적인 활동을 빈번하게 진행했다. '토벌' 활동을 강화하기 위하여 특설대는 열하에 간 후 정보반을 설립하고 하층 정보 네트워크를 구축하여 정보를 수집하고 가혹한 형벌로 심문하며 항일 조직을 와해하는 등 적극적으로 활동을 전개했다. 현지 조사와 현존하는 죄인들의 공술에 근거하면 특설대가 설립되어서부터 일제가 투항하기까지 이 부대의 토벌 활동과 빚어낸 사건이 모두 108건이나 되었다. 특설대의 피비린 학살로 인하여 피해당한 항일 전사와 혁명 가족, 주민이 172명이었고 체포된 사람은 133명이었다. 강간, 약탈, 구타, 형사 고문 등의 죄행은 이루 다 말할 수 없다.

　　　　　　　　　　　　　　　　　－ 중공 연변주위 5인소조판공실中共 延邊州委 5人小組辦公室

한국광복군선언문

(1940년)

    대한민국임시정부는 원년 1919년에 정부가 공포한 군사조직법에 의거하여 중화민국 총통 장개석 원수의 특별 허락으로 중화민국 영토 내에서 광복군을 조직하고, 대한민국 22년 1940년 9월 17일 한국광복군 총사령부를 창립함을 이에 선언한다. 한국광복군은 중화민국 국민과 합작하여 우리 두 나라의 독립을 회복하고자 공동의 적인 일본 제국주의자들을 타도하기 위하여 연합군의 일원으로 항전을 계속한다. … 중화민국의 항전이 4개년에 도달한 이때 우리는 큰 희망을 가지고 우리 조국의 독립을 위하여 우리의 전투력을 강화할 시기가 왔다고 확신한다. 우리는 중화민국 최고 영수 장개석 원수의 한국 민족에 대한 원대한 정책을 채택함을 기뻐하며 감사의 찬사를 보내는 바이다. 우리 국가의 해방운동과 특히 우리들의 압박자 왜적에 대한 무장 항쟁의 준비는 그의 도의적 지원으로 크게 고무되는 바이다. 우리들은 한중 연합전선에서 우리 스스로의 계속 부단한 투쟁을 감행하여 극동 및 아시아 인민 중에서 자유 평등을 쟁취할 것을 약속하는 바이다.

대한민국 22년 1940년 9월 15일
대한민국임시정부 주석 겸 한국광복군 창설위원회 위원장 김구

한국독립운동사편찬위원회,《한국독립운동의 역사》(전60권), 2007.
친일인명사전편찬위원회,《친일인명사전》(전3권), 민족문제연구소, 2009.

이이화,《이이화의 한국사이야기》(19~22권), 한길사, 2003.
조정래,《아리랑》(1~10권), 해냄, 2014.
강준만,《한국 근대사 산책》(6~10권), 인물과사상사, 2008.
주진오, 박찬승 외,《고등학교 한국사》, 천재교육, 2014.
도면회, 이건홍 외,《고등학교 한국사》, 비상교육, 2014.
한철호, 김시승 외,《고등학교 한국사》, 미래앤, 2014.
주진오, 신영범 외,《고등학교 한국근현대사》, 중앙교육진흥연구소, 2011.
전국역사교사모임,《살아있는 한국사 교과서 2》, 휴머니스트, 2012.
김육훈,《살아있는 한국 근현대사 교과서》, 휴머니스트, 2007.
전국역사교사모임,《살아있는 세계사 교과서 2》, 휴머니스트, 2005.
류시현 외,《미래를 여는 한국의 역사 5》, 웅진지식하우스, 2011.
박은봉,《사진과 그림으로 보는 한국사 편지 5》, 웅진주니어, 2003.
박찬승,《한국 근현대사를 읽는다》, 경인문화사, 2014.
교과서포럼,《대안교과서 한국근·현대사》, 기파랑, 2008.
역사교육연대회의,《뉴라이트 위험한 교과서 바로 읽기》, 서해문집, 2009.
이규헌,《사진으로 보는 독립운동》(상, 하), 서문당, 2000.
신기수 엮음,《한일병합사 1875-1945》, 눈빛, 2009.
염복규 외,《아! 그렇구나 우리 역사 13》, 여유당, 2011.
한국근대현대사학회,《한국독립운동사강의》, 한울아카데미, 2007.
박찬승,《한국독립운동사》, 역사비평사, 2014.
최익현 외,《원문 사료로 읽는 한국 근대사》, (이주명 편역), 필맥, 2014.
박은식,《한국통사》, (김태웅 역해), 아카넷, 2012.
박은식,《한국독립운동지혈사》, (김도형 역), 소명출판, 2009.
강만길,《한국사회주의운동 인명사전》, 창비, 1996.
임경석,《한국 사회주의의 기원》, 역사비평사, 2003.
장영숙,《고종 44년의 비원》, 너머북스, 2010.
오영섭,《고종황제와 한말의병》, 선인, 2007.
임종국,《실록 친일파》, 돌베개, 1991.
정운현,《친일파는 살아있다》, 책보세, 2011.
한홍구,《대한민국사 2》, 한겨레신문사, 2003.
고석규 외,《역사 속의 역사읽기 3》, 풀빛, 1997.
이호룡,《한국의 아나키즘》, 지식산업사, 2015.

김삼웅,《서대문형무소 근현대사》, 나남, 2000.

정혜경,《징용 공출 강제연행 강제동원》, 선인, 2013.

김동진,《1923 경성을 뒤흔든 사람들》, 서해문집, 2016.

님 웨일즈 외,《아리랑》, (송영인 역), 동녘, 2005.

조한성,《한국의 레지스탕스》, 생각정원, 2013.

이재갑,《한국사 100년의 기억을 찾아 일본을 걷다》, 살림출판사, 2011.

김육훈,《민주공화국 대한민국의 탄생》, 휴머니스트, 2012.

한일공통역사교재 제작팀,《한국과 일본 그 사이의 역사》, 휴머니스트, 2012.

유용태 외,《함께 읽는 동아시아 근현대사 1》, 창비, 2010.

염인호,《조선의용군의 독립운동》, 나남, 2001.

김성호,《1930년대 연변 민생단사건 연구》, 백산자료원, 1999.

박청산,《연변항일유적》, 연변인민출판사, 2013.

전광하 박용일 편저,《세월속의 용정》, 연변인민출판사, 2002.

황민호,《일제하 만주지역 한인사회의 동향과 민족운동》, 신서원, 2005.

김효순,《간도특설대》, 서해문집, 2014.

한일관계사연구논집 편찬위원회,《일제 식민지지배의 구조와 성격》, 경인문화사, 2005.

한일관계사연구논집 편찬위원회,《일제 식민지배와 강제동원》, 경인문화사, 2010.

신용하,《일제 식민지정책과 식민지근대화론 비판》, 문학과지성사, 2006.

전상숙,《조선총독정치 연구》, 지식산업사, 2012.

나가타 아키후미,《일본의 조선통치와 국제관계》, (박환무 역), 일조각, 2008.

수요역사연구회,《식민지 동화정책과 협력 그리고 인식》, 두리미디어, 2007.

임종국,《친일문학론》, 민족문제연구소, 2013.

엄만수,《항일문학의 재조명》, 홍익재, 2001.

연변대학교 조선문학연구소,《항일가요 및 기타》, 보고사, 2007.

김희영,《이야기 일본사》, 청아출판사, 2003.

앤드루 고든,《현대일본의 역사2》, (문현숙 외 역), 이산, 2015.

나리타 류이치,《다이쇼 데모크라시》, (이규수 역), 어문학사, 2012.

가토 요코,《만주사변에서 중일전쟁으로》, (김영숙 역), 어문학사, 2012.

요시다 유타카,《아시아 태평양전쟁》, (최혜주 역), 어문학사, 2012.

박경희,《일본사》, 일빛, 1998.

야마다 아키라,《일본, 군비확장의 역사》, (윤현명 역), 어문학사, 2014.

위톈런,《대본영의 참모들》, (박윤식 역), 나남, 2014.

이규수,《일본 제국의회 시정방침 연설집》, 선인, 2012.

W. G. Beasley,《일본제국주의 1894-1945》, (정영진 역), 한국외국어대학교출판부, 2013.

야마무로 신이치,《키메라 만주국의 초상》, (윤대석 역), 소명출판, 2009.

김창권,《일본 관동군 731부대를 고발한다》, 나눔사, 2014.

이시와라 간지,《세계최종전쟁론》, (선정우 역), 길찾기, 2015.

김희영,《이야기 중국사 3》, 청아출판사, 1986.

조관희,《조관희 교수의 중국현대사 강의》, 궁리출판, 2013.

김명호,《중국인 이야기》(1~4권), 한길사, 2012.

헬무트 알트리히터,《소련소사》, (최대희 역), 창비, 1997.

박노자,《러시아 혁명사 강의》, 나무연필, 2017.

케빈 맥더모트 외,《코민테른》, (황동하 역), 서해문집, 2009.

폴 콜리어 외,《제2차 세계대전》, (강민수 역), 플래닛미디어, 2008.

김구,《원본 백범일지》, 서문당, 2001.

김상구,《김구 청문회》(전1~2권), 매직하우스, 2014.

한시준,《김구》, 역사공간, 2015.

정병준,《우남 이승만 연구》, 역사비평사, 2005.

김상구,《다시 분노하라》, 책과나무, 2014.

김삼웅,《몽양 여운형 평전》, 채륜, 2015.

김삼웅,《약산 김원봉 평전》, 시대의창, 2008.

안재성,《박헌영 평전》, 실천문학사, 2009.

이호룡,《신채호 다시 읽기》, 돌베개, 2013.

김명섭,《이회영》, 역사공간, 2008.

이준식,《김규식》, 역사공간, 2014.

김도훈,《박용만》, 역사공간, 2010.

권기훈,《김창숙》, 역사공간, 2010.

김영범,《윤세주》, 역사공간, 2013.

김인식,《중도의 길을 걸은 신민족주의자》, 역사공간, 2006.

김병기,《김동삼》, 역사공간, 2012.

신주백,《이시영》, 역사공간, 2014.

김경일,《이재유 나의 시대 나의 혁명》, 푸른역사, 2007.

조문기,《조선혁명군 총사령관 양세봉》, (안병호 역), 나무와숲, 2007.

유순호,《김일성 평전》(상), 지원인쇄출판, 2017.

로버트 스칼라피노, 이정식,《한국 공산주의운동사》, (한홍구 역), 돌베개, 2015.

최백순,《조선공산당 평전》, 서해문집, 2017.

신용하,《신간회의 민족운동》, 지식산업사, 2017.

박찬승 외,《조선총독부30년사》(중, 하), 민속원, 2018.

최웅, 김봉중,《미국의 역사》, 소나무, 1997.

김호준,《유라시아 고려인, 디아스포라의 아픈 역사 150년》, 주류성, 2013.

조한성,《해방 후 3년》, 생각정원, 2015.

이영훈,《반일 종족주의》 미래사, 2019.

김종성,《반일 종족주의, 무엇이 문제인가》, 위즈덤하우스, 2020.

호사카 유지,《신친일파》, 봄이아트북스, 2020.

일본역사학연구회,《태평양전쟁사 1》, (아르고인문사회연구소 외 편역), 채륜, 2017.

제프리 주크스 외,《제2차세계대전》, (강민수 역), 플래닛미디어, 2008.

이덕일,《잊혀진 근대, 다시 읽는 해방전사》, 역사의아침, 2013.

와다 하루끼,《와다 하루끼의 북한 현대사》, (남기정 역), 창비, 2014.

박시백의 일제강점사

35년 6

박시백 글·그림

초판   1쇄 발행일 2020년 8월 15일
개정판 1쇄 발행일 2024년 10월 7일

발행인 | 한상준
편집 | 김민정 · 손지원 · 최정휴 · 김영범
디자인 | 김경희 · 양시호
마케팅 | 이상민 · 주영상
관리 | 양은진

발행처 | 비아북(ViaBook Publisher)
출판등록 | 제313-2007-218호(2007년 11월 2일)
주소 | 서울시 마포구 월드컵북로 6길 97(연남동 567-40) 2층
전화 | 02-334-6123 전자우편 | crm@viabook.kr 홈페이지 | viabook.kr

《35년》편집위원
차경호(대구시지고등학교 역사 교사)
김정현(김해고등학교 역사 교사)
김종민(천안쌍용고등학교 역사 교사)
남동현(대전가오고등학교 역사 교사)
문인식(충남기계공업고등학교 역사 교사)
박건형(대전도시과학고등학교 역사 교사)
박래훈(고흥포두중학교 교장)
오진욱(청주용암중학교 역사 교사)
정윤택(서라벌고등학교 역사 교사)